처음 만나는
진보

처음 만나는
진보

처음 만나는 진보

지은이 | 강수돌 · 강정구 · 김민웅 · 김병권 · 김정인 · 박경순 · 서유석 · 이강실
인터뷰 | 임승수 · 장진숙
펴낸이 | 김성실
기획 | 새세상연구소
편집기획 | 최인수 · 여미숙 · 한계영
마케팅 | 곽홍규 · 김남숙 · 이유진
편집디자인 | 하람 커뮤니케이션(02-322-5405)
제작 | 한영문화사
펴낸곳 | 시대의창
출판등록 | 제10-1756호(1999. 5. 11)

초판 1쇄 펴냄 | 2010년 10월 15일

주소 | 121-816 서울시 마포구 동교동 113-81 (4층)
전화 | 편집부 (02) 335-6125, 영업부 (02) 335-6121
팩스 | (02) 325-5607
이메일 | sidaebooks@hanmail.net

ISBN 978-89-5940-191-8 (03300)

강수돌 · 강정구 · 김민웅 · 김병권 · 김정인 · 박경순 · 서유석 · 이강실 지음
임승수 · 장진숙 인터뷰

시대의창

수도권의 H 대학 3학년인 K는 수업이 없는 토요일, 일요일에는 아르바이트하러 9시에 출근해서 밤 9시에 퇴근한다. 하루 종일 서서 일하는데도 시급은 형편없다. 이런 상황에서 하늘의 별 따기처럼 어려운, 인색하기만 한 장학금을 받으려면 잠도 제대로 잘 수가 없다. 스펙을 쌓으려고 남들처럼 1년 휴학도 했지만 아무리 생각해도 일자리가 눈에 보이질 않는다. 졸업이 두려울 뿐이다. 앞으로 남은 인생을 어떻게 살아가야 할지 막막하다. 생존 자체가 걱정이다. 왜 살고 있는지 모르겠다. 고민만 깊어진다.

넉넉한 집에 태어나서 사교육 충분히 받고 명문대학에 들어가지 않으면, 1등이 아니면, 생존이 보장되지 않는 곳이 한국 사회다. 대부분 한국 대학생은 K와 크게 다르지 않게 살고 있을 것이다. 이상도 낭만도 꿈꿀 수 없는 피폐한 환경에서 비정한 생존경쟁에 내몰려 있다. 이런 현실에서 자신을 둘러싼 세계에 대해 이성적으로 사색한다는 것은 참으로 어렵고 사치스럽기조차 한 일이다.

초·중·고교 교육뿐만 아니라 대학에서도 주로 자본주의 사회에서 살아남을 수 있는 '경쟁의 기술'만 일방적으로 학생들에게 주입하기에 더욱 그렇다. 그러다 보니 자연과 사회에 대해 철학적으로 사색하고 불꽃을 튀기며 논쟁하고, 우리 역사와 현실을 과학적이고 비판적으로 이해하면서 적극 사회 변혁에 참여하며, 역사의 진보를 믿고 인류가 궁극적으로 창조해내야 할 '모두 행복한 이상사회'에 대해 치열하게 고민하는 대학생 모습이 한국 대학에서는 이제 찾아보기 힘든 희귀한 것이 되어버렸다.

1990년대 초부터 강압적으로 몰려든 미국식 신자유주의 세계화로 인해 필연적으로 형성될 수밖에 없었던 지금 우리의 자화상인 것이다. "청년이 서야 나라도 서고 역사도 선다."고 했다. 이런 이유로 민주노동당 부설 새세상연구소는 용기를 내어 이 책을 내게 되었다. 한국 청년들에게서 꿈과 행복을 앗아간 것이 무엇인지 밝혀내고 싶었기 때문이다.

이 책에서 우리는 죽어라고 공부해도 취직하기 어렵고 아무리 열심히 일해도 먹고살긴 힘든 한국 사회를 파헤치는 한편 일하는 사람들이 행복하게 살 수 있는 대안을 제시하고자 했다. 국민이 행복하게 살 수 있는 진짜 민주주의는 과연 무엇이고, 아직도 우리 삶에 강력하게 영향력을 행사하는 미국이란 나라가 과연 우리에게 어떤 존재인지도 돌아보았다. 통일은 가난한 북한을 짊어져야 하는 고통스러운 선택인가 아니면 우리가 새롭게 부흥할 기회인가, 통일하지 않고도 한반도 평화는 보장될 수 있는가 등 북한과 통일문제도 고민해보았다. 환경과 생태, 동아시아에서 한반도 위상도 이야기해보았다.

인터뷰에 응해준 여덟 분과 이 책의 기획과 인터뷰 진행 등 어려운 일을 도맡아준 임승수, 장진숙 님 그리고 책을 출간해준 '시대의창'에 감사의 말을 전한다.

이 책을 읽고 독자들이 '스스로 행복해질 수 있는 용기'를 갖게 되길 빈다.

새세상연구소 소장 최규엽

첫인상이란 참 중요하다. 첫인상이 좋으면 왠지 계속 그 사람과 친해지고 싶지만, 그렇지 않으면 더는 그 사람을 만나고 싶지 않은 것이 인지상정 아닌가. 새세상연구소에서 청년학생을 위한 '진보' 입문서를 만들어달라고 요청했을 때 적잖이 부담스러웠던 것도 이런 이유에서였다. 진보 입문서란 진보에 대한 첫인상 아닌가.

강수돌, 강정구, 김민웅, 김병권, 김정인, 박경순, 서유석, 이강실. 이 여덟 분을 통해 진보를 처음 소개하게 된 것은 무척 큰 행운이었다. 이런 기회가 아니면 언제 선생님들과 직접 만나 대화를 나눌 수 있었겠는가. 그래서 드문드문 인터뷰 목적을 잊고 선생님들 말씀에 빠져들었다. 이런 우리 자신을 추스르는 것이 어쩌면 가장 힘든 일이었을지 모르겠다. 다들 바쁘셨을 텐데도 흔쾌히 시간 내주신 것에 대해 다시 한번 감사의 인사를 드린다.

인터뷰어로서 많이 부족하지만, 그래도 여덟 분의 지식과 삶의 무게가 담긴 대화를 충실히 전달하려고 노력했다. 부족한 점이 있다면 그것은 전적으로 인터뷰를 진행한 우리 책임이다. 아무쪼록 이 책을 읽고 진보에 대해 좋은 첫인상을 가질 수 있기를, 그래서 진보를 더 만나고 싶은 마음이 생기기를 빈다.

2010년 9월 임승수 · 장진숙

차례

무모하지만 부조리한 현실을 거부하고
반란을 꿈꾸는 것, 그것이 진보이고 진보적 사상입니다.
이것은 마치 시처럼 아름답습니다.

무모하지만 반란을 꿈꾸는 자

서유석 호원대 교수

서울에서 태어나 서울대 철학과를 다녔다. 헤겔철학과 마르크스주의를 공부했으며 분석마르크스주의에 대한 비판(〈엘스터의 '개체론적' 마르크스주의에 대한 비판〉)으로 박사 학위를 받았다. 1994년부터 호원대에서 교양철학을 가르치고 있다. 요즘은 지역의 주민자치운동, 대안공동체운동에 관심이 많다.

공저로 《철학, 문화를 읽다》가 있고, 《철학 오디세이》 《북친의 사회생태론》(근간)을 번역했으며, 《변증법적 유물론》 《청년헤겔 2》 등을 공역했다. 마르크스 · 엥겔스 전집 한국어판 출간도 준비하고 있다.

■ 인터뷰어_ 장진숙   ■ 날짜_ 2010년 3월 18일   ■ 장소_ 호원대 교정

ㄱ

장 | 철학, 가치관이 살아가는 데 과연 필요한 것인지 그것부터 먼저 이야기를 나눠봤으면 합니다.

서 | 요즘 학생들을 보면 안타까워요. 젊음을 누리면서 학교생활도 즐겨야 하는데 그런 모습을 찾아보기가 어려워요. 진학과 취업 스트레스 때문이지요. 당장 졸업 후 취업 전망이 어둡습니다. 하지만 이런 때일수록 일상을 멈추고 시간을 내서 한번 깊이 생각해볼 필요가 있습니다. 나에게 행복은 무엇인가, 내가 정말로 원하는 삶은 어떤 것인지를 물어 찾아내고 거기에 의지가 더해져야 의미 있는 삶이 가능하지 않을까요.

물론 내가 꿈꾼다고 그 꿈이 순순히 실현되는 건 아니죠. 취업 준비를 아무리 해도 취업을 가로막는 장벽이 있습니다. 예를 들어, 현대는 '고용 없는 성장jobless growth' 시대입니다. 기업과 공장은 정보화, 자동화로 고용 인력을 줄입니다. 또 노동 인력이 많이 필요한 기업은 인건비가 싼 제3세계로 공장을 옮깁니다. 성장은 지속되지만 고용 기회는 급격히 줄고 있는 거죠. 결국 진로 선택을 위해서는 사회의 조건과 향방에 대해서도 깊이 성찰해야 합니다. 현실을 냉철히 진단한 후 나만의 길, 또 새로운 길을 찾아야지요. 철학은 바로 이런 고민에서 시작된다고 봐요. 그동안의 습관적 행동과 사고를 잠시 접어두고 나와 사회에 대해 생각해보는 것에서 비롯되지요.

모두 행복하게 살기를 바라지만 막상 당신이 생각하는 행복이 무엇이냐고 물으면 대답하기 어렵습니다. 별로 생각을 안 해본 거죠. 나의 꿈이 무엇인지, 내가 진정으로 원하는 것이 무엇인지부터 깊이 생각해봐야 합니다. 그런 노력이 필요한 이유는 그래야 나의 현재 위치와 내 삶의 방향, 내가 해야 할 일의 윤곽이 떠오르고, 또 사회 모습에 대해서도 관심을 갖게 되기 때문이지요.

헤르만 헤세가 쓴 《데미안》이란 소설이 있습니다. 청소년기에 이 책을 읽었는데 두고두고 기억에 남는 대목이 있어요. 이 책은 성장통을 앓는 유약한 싱클레어와 냉철하고 이지적인 성격의 데미안이 주인공입니다. 싱클레어는 데미안에게 많이 의지하죠. 데미안 집에도 자주 놀러갑니다. 데미안 어머니 에바는 지적이고 인자하며 아름다운 여성이에요.

1차 대전이 터지면서 데미안은 군에 징집됩니다. 싱클레어는 나이가 조금 어려 징집되지 않는데 데미안이 징집된 후에도 평소처럼 데미안 집에 갑니다. 에바 부인은 언제나 그랬듯이 싱클레어를 따뜻하게 맞아주죠. 그때 불현듯 싱클레어가 에바 부인에게 사랑을 고백합니다. 무의식이 폭발한 거죠. (웃음) 그때 에바 부인이 이런 말을 합니다. "싱클레어, 네가 정말 원하는 것이 무엇인지 깊이 생각해서 찾아보렴. 그게 네가 정말로 원하는 것이라면 반드시 이루어질 거야."

자기성찰이 먼저 필요하다는 얘깁니다. 지인 집을 방문했을 때 일이에요. 지인의 세 살 된 자녀에게 커서 뭐가 될 거냐고 물은 적이 있어요.

그러자 아직 말이 서툰 그 아이가 바로 "판사"라고 대답하는 거예요. 그 아이는 '판사'가 뭔지 알았을까요? 집으로 돌아오는 내내 씁쓸하더군요. 그 아이의 꿈은 자신의 꿈이 아니라 부모의 꿈, 사회가 요구하는 꿈이었을 겁니다. 내가 생각한 행복, 나의 주체적인 사고를 거쳐 다듬어진 소망, 이런 것을 찾는 것에서부터 철학은 시작됩니다.

장 | '꿈' '행복'과 철학이 맞닿아 있다는 말씀인 것 같습니다. 그런데 좋은 대학, 좋은 직장에 들어가고 싶다, 돈을 많이 벌고 싶다고 생각하는 사람들이 많습니다. 교수님 말씀에선 그런 것은 진정한 꿈이 아니지 않느냐 하는 뉘앙스가 느껴집니다.

서 | 초·중·고교생들에게 장래 희망을 물으면 의사, 변호사, 공무원 이런 게 많습니다. 제 어린 시절에 또래들이 장군이 되겠다, 의사나 과학자가 되겠다고 한 것과 비슷하죠. 그 자체가 나쁜 것은 아닙니다. 하지만 한번 생각해보자는 겁니다. 의사는 의술을 통해 사람 목숨을 살리고, 법률가는 사회정의를 세우는 직업으로서 의미를 갖습니다. 국가 행정을 담당하는 공무원의 직 또한 사회적으로 매우 중요한 직업입니다.

철학적 사고란 예를 들어, 의사라는 직업을 나는 왜 희망하는지, 의사는 어떤 사회적 의미를 갖는 직업인지를 고민해보는 일입니다. 돈을 많이 벌고 사회적 지위가 높은 직업이라서 의사가 되고 싶은 건지 아니면 질병으로 고통받는 인류를 위해서 의사가 되고 싶은 건지 고민하는 것이죠. 모든 의사는 의술을 펼치면서 인류에 봉사하고 인도人道에 어긋나는 일을 하지 않겠다는 내용의 '히포크라테스 선서'를 하는데, 그런 각오로 선택한 진로인지 한번 생각해보자는 겁니다.

먼저 '의미 있는 일'이 무엇인지부터 찾아야 합니다. 명예와 부는 그것의 부산물로 생겨야 정상인 거죠. 의사, 교사, 법률가, 경영자가 특권층이 되어버린 사회는 정상이 아닙니다. 한국 사회는 일제 강점기라는 수난을 거치면서 극심한 가난과 고통에 시달렸습니다. 그 과정에서 검사, 판사, 의사, 공무원이란 직업이 가난을 벗고 단박에 신분을 상승시킬 수 있는 꿈의 직업이 되어온 거죠. 제 어린 시절에는 많은 아이가 대통령과 군인을 장래 희망으로 꼽았는데, 군사독재 시절을 보내면서 생긴 피해의식 때문일 겁니다.

소크라테스가 말했습니다. "반성되지 않은 삶은 무의미하다." 스스로 고민하여 선택한 것이 아닌 길은 의미가 없다는 것이지요.

장 | 사실 꿈이 중요하다고 다들 말하지만 자기 꿈을 확신하는 사람은 많지 않으리라고 봅니다. 무엇을 원하는지, 무엇이 되고 싶은지 고민하고 선택할 기회가 대학 진학이라는 큰 목표 때문에 희생되는 경우가 많거든요. 진정 원하는 것이 무엇인지를 찾아 방황하는 사람들도 있고, 그저 부모님이 제시해주는 길에 만족하며 사는 사람들도 있지요.

서 | 이런 걸 한번 생각해봤으면 합니다. 나의 생각, 이것은 순수하게 존재하는 것은 아닙니다. 알게 모르게 사회가 주입한 생각이기도 합니다. 사회의 고정관념이라고 말할 수도 있고요. "이렇게 살았으면 좋겠다." "이렇게 살면 행복하다." 하는 부모님 말씀도 사회의 고정관념일 때가 많죠. 바로 여기에 우리가 고민해봐야 할 지점이 있습니다.

행복한 삶은 사람마다 다를 수밖에 없는데, 다른 사람의 말에 그냥 좇아가고 있는 것은 아닌지 말입니다. 68운동* 당시 대표적인 신좌파

★1960년대 후반 유럽, 아메리카, 동유럽, 일본 등지에서 기존 질서를 거부하고 권위주의 타파, 새로운 창의성과 상상력 확대를 요구하며 일어난 역사적 사건. "금지하는 것을 금지한다". "모든 권력을 상상력에게"가 대표적인 구호다.

사상가였던 마르쿠제H. Marcuse가 이런 말을 했습니다. "현대 자본주의 사회는 인간의 욕망마저 조작한다." 예를 들어 목마를 때 물을 마시고 싶어해야 하는데 우리 무의식은 콜라를 마시려 하잖아요. 그렇게 자본주의가 인간의 욕망마저 조작한다는 것입니다. 사회에는 이미 주어져 있는 가치관이 있고 이것이 무의식중에 받아들여져 내면화되고 있는 거죠.

상식과 고정관념은 새롭게 등장하는 문제들을 외면합니다. 인생을 아름답고 의미 있게 만들 수 있는 여러 가능성도 외면합니다. 그렇기 때문에 정말로 자기 길을 찾아보려면, 주어져 있는 상식과 고정관념을 깨뜨리려는 노력이 필요합니다. 그런 도전정신 없이 스펙만 쌓는 일은 무의미합니다.

비판적이고 주체적인 사고가 철학적 사고의 핵심입니다. 모든 사람이 이 길로 가야 한다고 하지만, 그 길이 정말로 자신의 꿈을 이룰 수 있는 길인가를 되짚어보고 비판해보고 근본적으로 회의해봐야 합니다. 설령 똑같이 그 길을 가더라도 이런 과정을 한번 거치고 나면 더 의미 있게 그 길을 갈 수 있다고 생각합니다.

장 | 비판적 사고가 철학의 출발점이라고 하셨는데요, 그런 철학적 사고가 백지 상태에서 나오는 것은 아닐 텐데요.

서 | 그렇습니다. 삶이 먼저이고 그 삶 속에서 철학적 고민이 출발하는 거지요. 물론 사람마다 다를 수 있어요. 칸트I. Kant는 경탄과 외경 때문

에 철학을 한 거 같아요. 그의 묘비명에 그리고 대표작인 《실천이성비판》 맺음말에 이렇게 쓰여 있잖아요. "생각하면 할수록 경탄과 외경을 불러일으키는 두 가지가 있다. …… 별이 빛나는 하늘과 내 마음 속의 도덕법칙." 하지만 대개는 일상생활 속에서 다른 사람들과 얽혀 사는 가운데 기쁨을 느끼고 고통을 맛보면서 철학적 반성을 시작한다고 봐야 할 거예요. 그런 속에서 좋은 삶, 올바른 삶, 행복한 삶, 이상적인 공동체는 과연 무엇인지 의문이 들어야 철학적 사고가 시작됩니다.

플라톤을 읽고, 사르트르와 마르크스 사상을 공부하는 등 과거 철학자의 이론을 익히는 것은 그 다음의 일입니다. 추상적인 철학 개념인 '좋음'과 '옳음'이 무엇인지 그 자체를 두고는 떠오르는 것이 없습니다. 그래서 20세기 대표 철학자 로티R. Rorty는 우리 주변에서 목격되는 많은 다른 사람의 고통과 굴욕에 대해 예민하게 반응하는 일에서 철학이 출발해야 한다고 권하고 있습니다.

철학적으로 풍부하게 사고하려면 물론 책도 많이 봐야 합니다. 소박하게라도 문제의식을 품고 책을 봐야 하지만요. 특히 우리 젊은이들이 한국과 세계의 근현대 역사 그리고 프랑스 혁명 이후의 진보의 역사와 사상에 관심을 가졌으면 합니다.

근현대의 역사와 사상은 자본주의와 제국주의의 전개를 기본 골격으로 합니다. 정치와 문화, 사상과 제도의 역사는 그 자체로도 상대적 자율성을 갖지만, 궁극적으로는 자본주의의 작동 방식에 크게 영향을 받습니다. 철학과 사상의 역사도 마찬가지고요. 이런 점에서 근현대사 특히 경제사, 자본주의와 제국주의의 역사 그리고 그 속에서 자유, 평등, 인권, 민주주의 이런 것들을 실현하려고 애써온 수많은 운동과 사상의 역사를 공부해야 합니다.

그런 노력이 병행될 때 비로소 나는 어떤 삶을 살 것인지, 행복한 삶, 이상적인 사회, 올바른 사회는 어떤 모습인지 나름의 관점과 확신이 조금씩 구체화된다고 생각합니다. 이게 교양입니다. 그리고 이쯤 되면 철학적 사고가 정치철학적 사고, 사회철학적 사고로 더 깊어지지요.

허위의식 꿰뚫어보기

장 | 그 어느 때보다도 비판적 사고가 필요한 시대가 아닌가 싶습니다. 사회는 끊임없이 변하고 물질은 풍요로워지지만 뭔가 빠져 있는 것 같거든요. 전에 없던 새로운 사회 문제가 발생하고 갈등도 끊임이 없습니다.

서 | 그렇습니다. 지성인은 자기 모습과 내면의 소망뿐만 아니라 세상 돌아가는 것에 대해서도 비판적인 태도를 견지해야 합니다. 이 시대를 '세계화 시대' '신자유주의 시대'라고 일컫죠. 책에서든 신문에서든 누구나 심심하면 한 번씩 쓰는 말입니다. 이 얼마나 멋진 말입니까? 정보·물적·인적 교류로 국경이 없어지는 '세계화', 질곡이 아닌 '자유의 시대', 그것도 '새로운' 자유주의 시대. 하지만 우리는 이런 추세와 이야기 배후에 감추어진 진실을 꿰뚫어봐야 합니다. 그런 노력이 비판적 사고이고, 그런 사고를 통해서만 문제의 본질을 보고 대안을 마련할 수 있습니다.

좀 살펴볼까요. 세계화는 교통과 정보통신의 급속한 발달로 국가 간 경제와 인적 교류가 증대하면서 20세기 후반부터 하나의 추세로 자리 잡은 개념입니다. 하지만 잘 들여다보면, 현실 속의 세계화는 '교류의 증대'라는 추상적 차원의 흐름이 아닙니다. 세계 질서는 미국이 주도합니다. 따라서 현실 속의 세계화도 미국이 주도합니다. 미국은 미국식 신자유주의 경제체제로 세계를 통합하려고 합니다. 이제 미국의 자본, 그중에서도 가장 강력한 금융자본의 세계 진출에 장애가 되는 것은 제거되어야 합니다. '지구촌 시대, 국경이 없어지는 시대' 운운하면서 시작되는 세계화가 결국은 개방, 규제 철체, 구조조정, 민영화, 노동의 유연성 등의 주장으로 이어지는 까닭이 여기에 있습니다.

'개방'이라는 그럴듯한 중성적인 표현을 쓰지만, 이 말의 진짜 의미는 미국의 자본, 대규모 국제 금융자본의 자유로운 출입을 막지 말라는 것입니다. '노동의 유연성' '규제 철폐' '민영화' 등도 다 마찬가지입니다. 기득권자들, 현 체제 수호자들, 보수주의자들의 속셈이 숨겨진 말들입니다. '노동 유연성'이란 멋진 말 속에는 외국자본가나 기업가가 노동자를 자유롭게 해고할 수 있도록 하자는 속셈이 감추어져 있고, 규제 철폐란 말에도 국내외 기업의 이윤 활동에 정부가 간섭하지 말라는 반복지국가론자들(신자유주의자들)의 속셈이 숨겨져 있습니다. 온갖 제도권 경제학자들과 언론도 같은 이야기를 반복합니다. '해고'라고 하지 않고 '다운사이징downsizing'이라고 쓰죠. 노동자 수천 명을 해고하면 '과감한 구조조정'에 '성공'했다고 합니다.

모든 이론과 사상은 마치 보편적인 타당성을 띤 것처럼 보이지만 실은 그 이론과 사상 속에 특정 계급이나 계층의 이해관계가 숨겨져 있지요. 이를 마르크스와 독일 사회학자 만하임K. Mannheim은 '이데올로기허위의식'라고 표현했습니다. 비판적 사고는 바로 이런 허위의식을 꿰뚫어보는 능력입니다.

그런 눈으로 보면, 물질적 성장의 외피 속에서 심화되고 있는 많은

문제, 사회적으로 심각한 문제들이 드러납니다. 심각한 생태계 파괴, 뿌리 깊은 가부장적 제도와 문화, 우리 사회 특유의 분단 문제, 인권 문제, 소수자 차별 문제, 이주노동자 문제. 이밖에도 우리 사회의 고질병이 되어버린 부동산 문제, 교육 문제 등이 보이지요.

이런 문제들에 대해 젊은이들이 관심을 갖고 문제 핵심이 무엇인지, 문제를 해결할 대안은 없는지 고민해야 합니다. 또 여러 문제 중에 더 근본적인 문제, 그러니까 다른 문제들의 근원이 되는 더 일차적인 문제는 무엇인지도 찾아보아야 합니다. 저는 현재 많은 사회 문제의 근원에 신자유주의가 있다고 봅니다.

장 | 정말 동감합니다. 몇 해 전부터 "해고는 살인이다" "함께 살자"는 구호가 집회에 등장했어요. 이런 구호에서 신자유주의가 내포하고 있는 약육강식, 적자생존 논리가 얼마나 잔인한 것인지 생각해보게 됩니다. 정의와 평등의 가치와 더불어 사람들 삶의 터전이 파괴되고 있는 것이 신자유주의 실체인 것 같습니다.

서 | 미국식 신자유주의 세계화의 논리가, 우리 사회는 물론 전 세계를 잠식하면서 생긴 부작용들입니다. 물론 신자유주의자들은 자기들 논리를 '약육강식'이라고 말하지 않습니다. 오히려 모두 잘사는 길이라고 주장하죠. 신자유주의체제가 '트리클 다운Trickle Down' 효과를 낸다는 겁니다. 트리클 다운은 우리말로 '적하滴下정책'인데요, 마루에 있는 양동이에 물이 가득 차면 한 방울 두 방울씩 떨어져, 결국 마루 전체가 젖는다는 의미입니다. 그러니까 대기업 성장을 촉진하고 부자들의 부를 먼저 늘려주면, 결과적으로 중소기업과 서민, 소비자에게도 혜택이 돌아

가 총체적으로 경기가 활기를 띠고 복지에도 도움이 된다는 장밋빛 이야기입니다.

그런데 현실은 어떤가요. 부자와 빈자 간의 사회적 양극화는 점점 더 심화되고 있습니다. 경제적인 양극화뿐만이 아니죠. 비정규직이 양산되면서 생산 현장에서 빚어지는 양극화, 도시와 농촌의 양극화 등 삶 전반의 양극화로 치닫고 있습니다. 국가 간의 양극화도 마찬가지이고요.

지난 수세기 동안 투쟁해서 조금씩 이루어온 정의와 평등, 공동체와 연대의 가치를 신자유주의가 한꺼번에 무로 돌리고 있습니다.

돈, 지위, 서울?

장 | 이런 현대사회 문제점이 젊은 세대의 삶을 직접적으로 좌우하고 있어요. 그렇기 때문에 젊은 세대들이 현대사회를 비판하고 새로운 가치관을 찾는 것에 더 많은 관심을 돌려야 한다고 생각하는데요.

서 | 청년들은 그야말로 이 시대 최대 피해자들입니다. 청년과 기성세대를 구별하는 게 좀 이상합니다만, 우선은 기성세대들에게 일차적인 책임이 있습니다.

제가 75년에 대학에 입학했는데, 그때만 해도 제 또래 중에서 대학생은 15퍼센트를 넘지 않았으리라 봅니다. 당시에는 경제가 급속히 발전해 공장과 기업이 속속 들어섰고 그 바람에 인력도 많이 필요해서 취업이 지금보다 수월했던 것 같아요. 대학을 다니지 못한 청년들도 저임금이지만 취업이 잘됐습니다. 노동력 중심의 기업 구조 때문이었죠. 그

시대 청년들이 지금의 기성세대입니다.

그런데 이 기성세대가 현재의 안온한 삶에 주저앉아 오늘날 청년들이 겪게 될 문제를 미리 막으려는 노력을 다 하지 못한 겁니다. 군사독재 시절에는 사회에 대한 비판 의식도 높았어요. 엄혹한 때라 내놓고는 말을 못해도 민주주의와 언론 자유, 인권과 노동권이 짓밟히는 것에 대해 분노했고, 작은 불씨라도 살아나면 걷잡을 수 없이 폭발하곤 했습니다. 이런 의식과 노력이 오늘날의 정치권과 시민사회운동 세력에게 이어졌다고 생각해요. 그런데 이들이 신자유주의의 폐해를 막는 데 실패한 겁니다. 오히려 방조해왔죠. 그런 점에서 기성세대의 책임이 크다는 이야깁니다.

지금 청년들의 상황은 어떤가요. 대학 진학률이 85퍼센트가 넘어요. 게다가 '고용 없는 성장' 시대입니다. 대학을 졸업하더라도 과거와 같은 직장을 얻을 수 없는 구조예요.

여기에 우리 사회의 문제, 젊은 세대의 고통이 있습니다. 지금 대학 등록금 문제, 청년 실업 문제가 사회적 이슈예요. 고액 등록금을 감당하기 위해 학자금 융자를 받고, 20대에 채무자가 됩니다. 졸업하더라도 제대로 된 일자리를 찾기 어려워요. 우석훈 박사는 이런 20대 처지를 '88만원 세대'라고 표현했습니다.

모두 함께 노력해서 문제 해결에 나서야 합니다. 정치권과 사회운동 세력은 더욱 각성해야 하고요. 그리고 시대의 피해자인 청년들도 그대로 당하고만 있어서는 안 된다고 생각합니다. 사회의 관행과 여건에 그저 적응하고 이를 수용하려는 태도는 버려야 합니다. 나와 사회의 현재 모습을 진단하고 올바른 처방을 모색해야 합니다. 가치 있는 삶, 바람직한 사회의 모습을 염두에 두면서 진단, 처방하려는 노력, 이것이 바로 철학 아닐까요.

장 | 그런데 '좁은 문'으로 들어가라고 이 사회가 내모는 것 같아요. 1등이 되기 위한 경쟁에 뛰어들었지만 다수의 젊은이는 88만원짜리 비정규직 신세를 면할 수 없습니다. 요즘 젊은 세대들은 단군 이래 최대의 스펙을 가졌다고 하는데도요.

서 | 최대의 스펙을 가지고 최악의 대우를 받고 있지요. 자본주의 시장만능경제 특히 신자유주의는 교육을 황폐화하고, 청소년들 삶을 불행하게 만들고 있어요. 요즘은 모든 것을 서열화합니다. 1등만 우대하고 나머지는 2등 인간으로 취급하죠. 하지만 1등도 언제 경쟁에서 밀릴지 모르니 불안하긴 마찬가지지요. 결국 경쟁만을 외치는 사회는 1등마저도 불행한 곳입니다.

이런 사회에서는 청년들이 '꿈'을 키울 수 없습니다. 자기 꿈이 무엇인지도 모른 채, 그 꿈을 찾을 기회마저 제약당한 채 부모님이, 사회가 원하는 '지위'의 인간이 되는 것이 '꿈'의 빈자리를 차지하게 되었습니다.

요즘은 농사짓겠다는 학생이 없잖아요? 농업은 경제적으로나 사회공동체에서나 매우 중요하지만 농사짓겠다고 하면 부모들이 반대하지요. 저는 '돈, 지위, 서울' 이 세 가지에 부합하지 않기 때문이라고 봐요. '돈, 지위, 서울' 이 세 가지 키워드를 충족시키지 못하는 직업, 꿈은 쉽게 무시당하지요.

완전한 사회는 아니지만 그나마 복지를 누릴 수 있는 곳이 북유럽입니다. 북유럽은 대학을 졸업하든 실업학교를 졸업하든 사회적 처우에

별 차이가 없어요. 하지만 우리는 그렇지 않아요. 이미 중·고등학교 때부터 실업계 학생들을 무시합니다. 지방대학도 그렇게 바라보고요. 어떻게든 서울로만 가려고 하지요. 이건 사회구조와 질서의 문제예요. 불평등과 차별이 구조화되어 있다는 겁니다. 이런 사회에선 청년들 의식도 이런 구조에 오염되어 삶이 불행해질 수밖에 없습니다.

장 | 신자유주의 사회의 피해자인 청년들이 이런 사회구조 문제에 관심을 가져야 하고 무엇이 올바른 것인가를 고민하는 가치관이 필요하다는 말씀이시군요. 지금 현실을 보면 사실 청년들이야말로 사회 변화를 가장 열망할 수밖에 없을 것 같은데요.

서 | 청년들은 피해자이기도 하지만 우리 사회의 희망이기도 합니다. 지켜야 할 재산, 신분, 기득권이 없잖아요. 그렇기 때문에 누구보다 사회와 역사를 올바로 보고 진보적 꿈을 키워 실천할 수 있습니다. 무리를 해서라도 지켜야 할 기득권이 없다는 것은 사회의 부조리를 유지하는 일에는 그 어떤 이해관계도 없다는 이야기입니다.

인종차별의 피해자인 흑인이 인종차별을 극복할 수 있는 희망입니다. 성차별의 피해자인 여성이 여성해방의 희망이고, 제국주의 피해자인 식민지 민중이 민족해방의 희망입니다. 마찬가지로 지금 사회의 희망은 청년들입니다. 저는 우리 청년들이 어떤 가치관을 가지느냐에 따라 사회의 진보와 미래가 달라질 것이라고 봅니다.

말과 생각의 숨통 틔우기

장 | 앞서 현대사회 문제점들도 지적하셨습니다. 말씀 들으면서 지금 한국 사회에 과연 철학이 있는지, 반성이란 게 있는지 의문이 들 정도로 혼란스러웠습니다. 철학이 없고 사상이 빈곤한 사회의 사람들은 아무리 물질적으로 풍요로워도 결국 정신이 황폐해지는 길을 피할 수 없다고 봅니다. 한국 사회가 왜 이렇게 되었을까요?

서 | 한 사회의 의식과 문화는 긴 역사의 흐름 속에서 형성되어 사회 저변과 무의식에 자리 잡는 것입니다. 그리고 한 번 자리 잡으면 개인과 사회에 큰 영향을 미치죠. 그런데 우리는 역사를 바로잡는 일에서부터 실패했습니다.

해방 직후 식민지 잔재를 청산했어야 하는데 그렇게 하지 못한 겁니다. 친일파들은 일제 강점기에도 기득권 세력이었고, 해방 이후에도 기득권을 누렸습니다. 사회 정의가 실종된 것이죠. 조국의 해방을 위해 바쳐진 목숨은 작은 것이 되고 친일파들이 계속 득세하니 누가 공동체를 위하고, 사회의 공공선을 이루려고 하겠어요. 당연히 이기주의, 기회주의가 확산되고 정의를 위해 사는 것은 어리석은 짓이 되지요. 결국 식민지 잔재를 청산하지 못한 것이 이런 생각들을 싹트게 한 온상이에요.

친일파들이 비호되는 한편, 민주주의를 지키려던 얼마나 많은 이의 인권이 유린되었습니까? 정부 정책을 비판하기만 해도 빨갱이가 되었어요. 너무 많은 사람이 희생당했지요.

그러는 가운데 군사독재정권은 성장제일주의를 내세웠습니다. 자유, 정의, 평등, 인권, 공동체, 복지, 배려, 연대 등 사회의 귀중한 가치들이 성장과 수출 그리고 '한국적 민주주의'라는 미명 아래 억압, 배제되었습니다. 이런 상황이 우리 사회에 올바른 의식, 진보적인 가치관이 자리 잡는 걸 가로막았습니다.

그래도 지난 10년 동안 국민의 정부, 참여 정부는 이런 왜곡된 역사를 바로잡으려고 노력을 했습니다. 하지만 이명박 정부가 들어서면서 '역사 바로 세우기' 노력조차 다시 후퇴하고 있어요.

장 | 역사를 바로 세우려면 진실이 널리 알려져야 하고 비판의 목소리도 억압되지 않아야 합니다. 사실 이것은 민주주의 사회에서는 기본이지요. 그런데 우리 사회에 사상, 언론의 자유가 있느냐 물으면 모두 비관적인 반응을 보이거든요.

서 | 그렇습니다. 특히 이명박 정부가 들어선 이후에 사상과 언론의 자유가 크게 위협받고 있습니다. 사상과 언론의 자유가 묶이면 건전한 여론이 형성되지 못하고, 그렇게 되면 사회적 공감에 기초한 사회 변화 자체가 차단되지요. 사상과 언론의 자유는 인간의 기본 권리입니다. 또 국가 권력과 자본의 횡포에 맞서서 사회의 균형을 유지시켜주는 매우 중요한 역할을 합니다.

그런데 우리 사회는 어떻습니까. 여전히 악법인 국가보안법이 남아 있습니다. 이 법이 진보적인 주장과 사상을 탄압합니다. 권력과 자본이 언론 자체를 독점하고 있는 상황도 여전합니다. 세계 10위권에 드는 경제 규모, 세계 1·2위 IT지수 운운하지만 '국경없는기자회'에 따르면 언론 자유의 상황은 세계 69위입니다. 인터넷도 통제되고 있잖아요.

대안 언론이 만들어져야 합니다. 거창한 게 아니라 생활 속에서, 가까운 데서부터 실천해야 해요. 학교면 학교, 노동 현장이면 그 현장에서 동료, 이웃들과 대화해야 합니다. 토론해야 합니다. "여러분의 토론 참여를 기다립니다. 토론은 여론을 만들고 여론은 사회를 바꿉니다." 수년 전 한 라디오 토론 프로그램의 광고 문구예요. 진리를 담고 있는 말입니다. 왜곡된 정보와 이데올로기를 전파하는 제도권 언론에 저항하는 운동이 필요합니다.

장 | 친일파 문제가 해결되지 않아 건전한 사상이 자랄 수 있는 토대를 잃었고, 국가보안법과 재벌언론이 시장만능경제의 폐해를 은폐하는 사이에 이기주의, 황금만능주의 같은 생각들이 확산되었다는 말씀이군요.

서 | 의식은 역사와 제도의 산물입니다. 지금 우리 사회에 만연한 우승열패優勝劣敗의 세계관, 강자를 우러러보고 소수자와 약자를 무시하는 의식 역시 역사와 제도의 결과물인 것입니다.

사회 구성원들이 '돈, 지위, 서울'을 향해 달려가는 분위기는 신자유주의가 도래한 오늘에 더욱 깊어지긴 했지만, 이미 한국 사회는 구조적으로 그런 분위기가 조성될 역사적 바탕을 가지고 있었습니다. 그렇기 때문에 우리는 더더욱 그런 조건을 극복하려는 운동에 참여해야 합니다. 또 자본과 신자유주의를 넘어서는 진보적 철학과 가치관에 관심을 돌려야 합니다.

그런데 신자유주의가 확산되고 성장제일주의 목소리가 높아지면서 박정희를 영웅으로 평가하는 위험한 경향마저 생겨났어요. 처음에는 박정희 시대의 고도성장을 그저 그리워하는 수준이었는데, 어느 시점부터는 박정희 자체를 그리워하는 지경에 이른 겁니다. 대학생들이 역사상 가장 존경하는 인물이 박정희라니 이게 말이 됩니까. 박정희 독재 시절에 우리 경제가 고도성장을 한 것은 사실이지만 그 단면만 보고 리더십이 강력한 지도자를 다시 희구하는 건 위험한 생각입니다.

박정희 신드롬은 독일에서 나치가 등장할 때와 비슷해요. 신자유주의가 인간 삶의 조건만 뒤흔드는 게 아니라 사상의 퇴행 현상도 일으키는 게 아닌가 싶습니다.

장 | 신자유주의적 사상, 가치가 확산되는 것을 막지 못한 데는 새로운 사상, 진보적 가치가 대중의 희망으로 자리 잡지 못한 것도 이유일 듯 싶은데요. 어떻게 보십니까?

서 | 저도 그렇게 생각합니다. 그런 점에서 진보 정치권과 운동 진영이 반성하고 새로워져야 합니다. 신자유주의 등장과 함께 전 세계적 차원에서 정치적 보수주의가 활개를 쳤습니다. 그 한 원인은 케인스 등이 주장한 국가 주도형 복지정책이 한계에 부딪혔기 때문입니다. 사회주의 국가의 몰락도 세계적으로 보수주의가 활개를 치도록 부채질을 했고요.

하지만 이보다 더 중요한 두 번째 원인은 대중이 진보 정치와 이념에 실망했기 때문입니다. 저는 이 점에 주목하고자 합니다. 유럽의 사민주의도, 한국의 진보운동과 진보정당도 결국 대중의 동의를 얻어내는 데 실패했습니다. 설득력 있는 비전과 대안을 제시하지 못했고, 서민의 먹고사는 문제도 해결하지 못했습니다. 그런 와중에 자기들끼리 분열을 일삼았고요.

이제 진보 진영은 마지막이라는 절박한 각오로 다시 뛰어야 합니다.

비전을 제시하고, 대안을 마련하고, 운동 역량을 하나로 모으기 위해 적극적으로 연대해야 합니다. 청년들도 함께해야 함은 물론이고요.

장 | 미국발 금융위기 이후 전 세계적으로 신자유주의를 회의적으로 바라보는 시각이 확산되고 있습니다. 이것이 신자유주의적 가치를 극복하고 새로운 가치를 적극적으로 모색할 수 있는 계기가 되리라고 봅니다.

서 | 그렇습니다. 미국발 금융위기는 잠재된 모순이 일시적으로 표출된 현상이라고 봅니다. 그 바람에 신자유주의 문제를 사람들이 피부로 느끼게 되었습니다. 신자유주의가 꼭 경제성장과 복지 증진을 가져다주지 않는다는 생각도 확산되고 있습니다. 사실 우리 사회에서는 세계화 시대니 하며 무조건 미국식으로 좇아가야 하는 것처럼 사고해왔지만 실은 그와 다른 길을 밟는 나라도 많습니다. 북유럽 복지국가들의 경우도 그렇고, 새로운 사회적 실험을 하는 남아메리카의 나라들도 그렇습니다.

전복의 시작은 작은 실천에서

장 | 새로운 가치관이 절실히 필요하고 새로운 가치관을 모색하기도 좋은 시점인 것 같습니다. 새로운 가치관의 방향을 말씀해주신다면요?

서 | 앞으로는 시장만능주의를 극복하는 공동체적 사회로 나아가야 합

니다. 행복은 나의 행복이라지만 실은 혼자서는 행복할 수 없습니다. 개인이 사회의 산물이듯, 사랑하는 사람·벗·동지를 비롯해 가족, 이웃과 함께할 때 행복이 가능합니다. 그러므로 공동체의 행복에 대해 생각해보아야 합니다. 동양에서 말하는 대동사회나, 서구에서 말하는 연대적 삶이나, 흔히들 말하는 노동자·민중적 관점이나, 보편적 복지, 소외된 이웃에 대한 배려 등 이 모든 말이 다 공동체 행복을 추구하는 관점에선 거의 비슷한 뜻을 품고 있습니다.

또 하나 강조하고 싶은 것은 공동체적 행복 추구를 우리 사회에서만이 아니라 전 세계로 넓힐 필요가 있다는 것입니다. 얼마 전 월남파병에 관한 방송을 보았는데, 파병이 우리 경제 부흥의 원동력이라고 설명하더군요. 그러면서 베트남 사람들이 한국 군인들을 굉장히 무서워했다는 이야기를 자랑처럼 늘어놓았습니다. 섬뜩했습니다. 나의 목숨이 귀중하듯이 다른 사람, 다른 나라 민중의 목숨도 귀중하잖아요.

위키피디아에서 'multiculturalism^{문화다원주의}'을 쳐보세요. 다양한 민족, 인종, 문화의 평화적 공존이 문화다원주의입니다. 그런데 그 항목을 죽 내려가다 보면 문화다원주의에 반하는, 그러니까 순수 자민족이 아닌 다른 민족의 이주민이나 외국인 노동자를 차별하는 대표적인 나라로 대한민국이 거론됩니다. 부끄러운 일이죠. 우리만 잘살면 되는 게 아닙니다. 모든 민중의 생명과 행복추구권을 존중해야 합니다.

장 | 역사와 제도가 의식 형성에 큰 영향을 미치기도 하지만 새로운 사상이 역사를 바꾸고 새로운 제도도 수립해왔다고 생각합니다. 결국 새로운 가치관이 새로운 사회를 만들 수 있는 열쇠인 것이지요.

서 | 맞습니다. 의식은 역사와 제도의 산물이지만 철학적 사고, 반성적 사고를 통해 새로운 사회를 이끌기도 하는 능동적인 것입니다.

모든 지적 반성, 이론과 사상은 크게 두 가지로 볼 수 있습니다. 하나는 세상을 설명하는 것이고, 다른 하나는 세상의 변화를 꿈꾸는 것입니다. 과학적으로 세계를 설명하고 이에 기반해 새로운 사회를 지향하는 이론과 사상이 우리에게는 필요합니다. 기존의 것을 옹호하고 정당화하는 데 머물거나 세계와 세계의 발전 법칙을 왜곡하고 호도한 이론들도 있습니다. 그러므로 이론과 사상도 잘 가려 보아야 합니다.

저는 다수의 대중, 일하는 사람들을 위한 이론과 사상, 즉 진보운동의 이론과 사상을 공부하는 것이 필요하다고 봅니다. 진보운동의 역사와 전통에는 새로운 사회를 위해 노력한 많은 사람의 꿈과 희망, 희생과 영웅적 미담이 담겨져 있기 때문입니다. 이런 것들이 기존의 체제, 굴레를 벗어나 새로운 사회를 갈망하는 청년들에게 큰 가르침을 줄 것입니다. 이 시대의 지성인이라면 무엇을 생각해야 하는가, 무엇을 실천해야 하는가 하는 물음에 낙관의 근거를 줄 것입니다.

장 | 처음엔 철학 공부라는 말이 딱딱하고 지루하게 느껴졌는데 이젠 새로운 사회를 위한 성찰의 열쇠라는 생각이 드네요.

서 | 네, 그렇습니다. 철학은 새로움을 위한 성찰이며 그 새로움은 우리를 새로운 사회로 인도할 것입니다.

장 | 새로운 가치관을 모색하기 위해 철학 공부가 필요하다고 하셨습니다. 하지만 철학 공부를 하고 진보적인 가치관을 안다고 해서 그것이

자신의 가치관이 되는 것은 아니라고 생각합니다.

서 | 물론입니다. 지식으로 아는 것과 나의 가치관으로 확립하는 것은 크게 다릅니다. 그래서 저는 청년들이 철학 공부와 더불어 무엇인가 실천하는 것이 필요하다고 봅니다. 실천은 그 자체로 세상을 변화시키는 무기이기도 하지만 우리 의식에 가장 큰 영향을 미치는 것이기도 합니다. 책상머리에서는 느낄 수 없었던 것을 일깨워줍니다.

제가 대학 다닐 때 대학생들은 농활^{농촌 봉사 활동}이나 야학 활동을 많이 했습니다. 작은 실천이지만 이런 활동을 통해서 사람들 생각이 굉장히 많이 바뀌었습니다. 저도 2년간 야학에서 활동했습니다. 제 한계를 비롯해 그때 제가 느끼고 경험했던 것이 세상을 새롭게 볼 수 있게 했습니다. 이런 것들이 평생 제 삶의 방향타가 되고 밑거름이 되지 않았나 싶습니다.

서구에서는 68년도에 흑인운동이 본격적으로 시작되는데 그전만 해도 흑인들은 모든 것을 자기 탓으로 돌렸습니다. 그처럼 열등감과 자기비하 의식에 사로잡혀 있었습니다. 백인 중심의 제국주의, 자본주의가 흑인들을 그렇게 만든 것입니다. 그러나 흑인들이 스스로 자기의 쇠사슬을 끊기 위해 실천에 나서면서부터 흑인들 생각이 달라집니다. 자신들이 백인, 제국주의의 피해자였다는 사실과 흑인도 백인과 똑같은 인간이란 걸 깨닫게 된 거죠. 일제 강점기에 우리도 마찬가지였습니다. 우리가 열등하고 힘이 없는 민족이라는 생각을 강요당했기 때문이지요. 하지만 식민지 해방 투쟁을 벌이면서 일제가 강요한 허위의식을 깨뜨리고 주체로 섰습니다.

장 | 실천 속에서 허위의식이 깨어지고 실천하면서 배운 가치들은 결코 잊히지 않는다는 말씀이신 것 같습니다.

서 | 비록 나의 작은 실천이 사회 전체를 변화시킬 수 없다 하더라도 적어도 사회의 잘못된 쳇바퀴에 전적으로 휘말려들지는 않겠다는 마음가짐, 그런 노력을 조금이라도 시도하는 것이 우리 삶을 더 의미 있게 만들지 않을까 싶군요. 요즘 그런 노력이 사회 곳곳에서 보입니다.

장 | 마지막으로 가치관의 전환을 모색하는 젊은 세대들에게 한 말씀 부탁드립니다.

서 | 지난 3월에 돌아가신 법정 스님의 책 제목 중에 이런 것이 있습니다. "한 사람은 모두를, 모두는 한 사람을." 깊이 새겨볼 만한 말입니다. 저는 이것이 '공동체적 삶과 연대'의 다른 표현이라고 생각합니다. 인류가 지금껏 이뤄온 진보적 가치, 인류 역사의 아름다운 유산을 이렇게 멋지게 표현하셨다 싶었습니다.

저는 이 시대 젊은이들이 경쟁, 성장 아니면 죽음이라는 상식과 고정관념을 넘어서 정의와 연대를 고민했으면 합니다. 그러자면 철학 공부가 필요하다고 생각합니다. 특히 지난 200여 년의 진보적 사상과 전통을 공부하는 일이 절실합니다. 모든 진보적 사상은 아름다운 가치를 내포하고 있습니다. 비유적으로 말하자면 시 같다고나 할까요?

물론 진보적 사상과 운동도 변화, 발전하지 않고 기존 체제를 정당화하는 데 머문다면 더는 진보가 아니지요. 무모하지만 부조리한 현실을 거부하고 반란을 꿈꾸는 것, 그것이 진보이고 진보적 사상입니다. 이것은 마치 시처럼 아름답습니다.

우리 젊은이들이 이런 진보 사상의 전통, 시인의 전통을 이어받았으면 합니다. 비록 오늘은 가난할지언정 꿈이 있어 행복한 사람, 세상을 아름답게 만드는 삶의 행복을 아는 사람이 되었으면 좋겠습니다.

가장 강조하고 싶은 것은, 20대 본인들이
"내 문제는 내가 푼다."는 당사자주의를 가져야 한다는
겁니다. 그래야 많이 뭉치겠죠. 20대는 사회에서 잠재적인
파워가 제일 크고, 20대 문제에 모든 사람의 관심이
집중되어 있는데도 막상 당사자인 청년들이
움직이지 않고 있는 겁니다.

20대 당사자운동이 일으킬 반전

김병권 새사연 부원장

■ 인터뷰어_ 임승수　■ 날짜_ 2010년 3월 9일　■ 장소_ 새사연 사무실

오랜 기간 동안 IT엔지니어로 직장생활을 하다가 새사연(새로운사회를여는연구원)을 창립하는 데 합류했다. 새사연 부원장으로 있으면서 글로벌 금융위기에 처한 세계 경제와 한국 경제의 문제점을 파헤치고 대안을 찾아내는 작업에 전념하고 있다. 공저로 《신자유주의 이후의 한국경제》 《새로운 사회를 여는 상상력》 《베네수엘라, 혁명의 역사를 다시 쓰다》 등이 있다.

임 | 20대를 요즘 만나면 취직 걱정도 참 심각한 것 같고 기본적으로 맥이 빠져 있더군요. 만약 제가 대학생이면 뭐가 궁금할까 한번 생각해봤는데요, 사회가 발전하고 분명 경제도 발전하고 생산기술도 나아지는 것 같긴 한데 이상하게 점점 취업은 어려워진단 말이에요. 도대체 왜 이럴까, 예전 선배들 얘기 들어보면 이렇지는 않았다던데. 비정규직 자리도 잘 없고 취직 자체가 어려워지니까 답답할 것 같더라고요. 이런 현상이 어디서 비롯된 것일까요?

김 | 어찌 보면 지금 청년들이 예전 청년들에 비해서 경제에 더 관심이 많아요. 사실 이전에는 대학 졸업하면 취직자리 자체가 없진 않았죠. 장시간 저임금 노동을 피한 좋은 일자리를 구하는 게 힘들었을 뿐입니다. 그래서 학창 시절에 경제 고민을 앞당겨 할 필요는 없었어요. 때 되면 고민하면 되었죠.

　지금은 그렇게 안이하게 생각해서는 취직이 되지 않으니까 굉장히 일찍부터 경제에 관심을 가지고 취업을 준비하는 것 같아요. 그런데도 기성세대와 사회가 만들어놓은 경제권 안으로 들어가질 못한다는 게 문제이지요. 흔히 얘기하는 '고용 없는 성장' 상태가 꽤 지속되고 있는데, 청년들에게 이 말은 기존의 경제권에 들어갈 수 없다는 말이나 다르지 않습니다. 그래서 청년들이 경제권 외곽에 존재하게 되어버린 거죠. 그런 현실에서 청년들은 기존 경제권 안으로 들어가야 한다는 강박감과 아울러 영영 들어가지 못할지도 모른다는 두려움에 시달리고 있는 겁니다.

임 | 기존의 경제권이라고 말씀하셨는데요, 거기서도 나이가 들어 퇴직하는 사람들도 있을 거고 그럼 그 자리를 대체할 수 있는 새로운 사람이 필요하잖아요. 그리고 기존에 없던 새로운 분야가 개발되어서 그쪽에서 새로운 고용이 창출될 수도 있고요. 머릿속에서 이론적으로만 생각한다면 당연히 일자리가 생겨나고, 기존에 없던 분야가 생기니까 경제도 잘 돌아갈 것 같은데 말씀하신 것처럼 기존의 경제권에 들어가기가 쉽진 않거든요. 구체적으로 어떤 것들이 장벽이 되나요.

김 | 여러 측면에서 볼 수 있을 것 같습니다. 우리 사회에서 고용할 여력이 있는 가장 큰 집단이 바로 대기업들인데, 이 대기업들이 소위 글로벌 생산기지 확대라는 명목으로 다른 나라에 공장을 짓습니다. 한마디로 글로벌하게 투자를 해버린다는 거죠. 예를 들어 현대자동차가 미국, 중국 공장에 투자한다는 겁니다. 기업 입장에서야 투자도 하고 생산도 늘리고 고용도 하는 거죠. 그런데 우리나라에서는 고용하지 않는다는 겁니다. 이런 현상이 얼마만큼 심각하냐 하면 불과 4, 5년 전만 해도 자동차업계에서 우리나라 사람들 손으로 만든 수출 물량이 외국 공

장에서 외국 노동자 손으로 만든 물량보다 20퍼센트 정도 더 많았습니다. 그런데 2008년 말 현재 현대자동차 같은 경우는 국내 노동자들이 만들어서 수출하는 자동차보다 해외에서 외국 노동자들이 만들어 현지에서 판매되는 것이 더 많습니다. 조만간에 기아자동차 상황도 아마 이렇게 될 겁니다. 이처럼 청년들이 좋은 일자리라고 여기는 대기업 일자리가 국내에서 만들어지지 않는다는 것이 일단 가장 큰 문젭니다.

그리고 최근에 만들어지는 서비스 분야나 중소기업 등의 일자리들이 대부분 비정규직 임시직일 확률이 굉장히 높습니다. 중소기업은 대기업에서 하청받는 경우가 많은데, 이런 회사들 중에는 관리직 빼고는 다 비정규직인 경우도 적지 않다는 거죠. 이렇게 정규직이 하나도 없는 하청업체들이 무수하고, 최근에 얘기되는 사회적 일자리도 민간 부문을 중심으로 운영되면서 수지타산 위주로 돌아가다 보니 근로조건이 너무 열악한 것이 많습니다. 현실이 이렇다 보니 청년들이 설령 경제권 안으로 들어가더라도 주변적이고 외곽적인 일자리밖에는 없는 겁니다.

대기업 다음으로 괜찮은 일자리를 만들어줄 수 있는 곳이 공기업들인데, 공기업의 효율성이 강조되면서 한편에선 정원을 줄여나가고 또 한편에서는 공기업들을 민영화하고 있죠. 결국 극소수 청년들을 제외한 대다수 청년은 경제권 중심부로 들어가기 어렵다는 결론이 납니다.

실패한 노동시장

임 | 말씀 들으니까 상황이 정말 심각하다는 생각이 드네요. 이런 장벽들을 뚫어낼 수 있는 방법이 필요할 것 같은데요.

김 | 기업이나 정부가 고용에 대한 사고방식을 바꿔야 합니다. 고용 없는 성장이 불가피하다고 생각하거나 고용 없이도 성장이 가능하다고 생각하는 게 문제라고 봅니다. 고용 없는 성장이란 있을 수 없습니다. 최근 도요타 사태가 그것을 보여주지 않았습니까. 도요타 리콜사태는 도요타가 생산비를 떨어뜨리려고 세계 여러 곳에 생산기지를 만들면서 하청 협력업체들을 제대로 통제하지 못해 생긴 사고일 수 있습니다. 결국 기업들이 노동자 고용을 경쟁력 원천으로 보거나 노동자를 핵심 자원으로 생각하지 않아 생긴 문제라고 봅니다. 노동자 수를 줄이면 줄일수록 비용이 절감된다고만 생각해서 해외 저임금 인력이나 언제든지 자를 수 있고 정규직 임금의 절반 정도만 줘도 되는 비정규직을 손쉽게 씁니다. 우리나라뿐만 아니라 다른 나라 기업들에서도 이런 관행이 오래 지속되어왔던 건데 이것을 깨지 않으면 젊은 사람들이 들어갈 수 있는 공간들이 근본적으로 열리긴 어려운 거죠.

임 | 그런데 자유시장경제의 틀 안에서 기업에 고용을 강제한다는 게 쉽진 않잖아요. 그런 의미에서 공공 부문이 중요한 역할을 해야 한다고 생각합니다. 실제로 고용문제를 잘 풀어나가는 모델 같은 게 있나요?

김 | 아직은 없죠. 세계적으로도 잘 없고요. 한국에서는 그전에 색다르게 고용문제를 풀어 나갔던 곳이 유한킴벌리인데, 외환위기 시절에 이 회사는 교대제 확대 등으로 오히려 고용자를 더 늘렸습니다. 최근에는 사회적 기업이라는 형태의 기업모델을 만들어내 고용문제를 풀어보려고 하지만 그것도 사람들이 생각하는 것만큼 성과가 있는 건 아니죠.

이번에 경제위기의 근원지가 됐던 미국을 포함해서 전 세계적으로 고용문제가 화두로 다시 떠오른 것 같습니다. 지난해까지는 금융문제가 주로 제기되었는데 올해부터는 고용문제가 더 많이 제기될 것 같습니다. 고용이 확대되지 않으면 소비가 생길 수 없고 소비가 생기지 않으면 구매력이 보장될 수 없고 구매력이 보장되지 않으면 결국 기업 입장에서는 매출이 늘 수 없는 구조이거든요. 따라서 소득과 소비 원천인 고용문제의 중요성이 여론으로 형성되면, 이제껏 고용문제를 일으켰던 노동유연화라는 모델 틀을 뛰어넘는 여러 가지 실험이 시작될 수도 있으리라 기대합니다.

임 | 예전에 진보 진영에서 노동시간을 줄여서 일자리를 늘리자고 얘기한 적이 있었는데요. 그러면 기업에서는 당연히 사람을 더 많이 뽑아야겠죠. 그런데 기업들은 그렇게 하면 생산비가 올라가서 글로벌 경쟁에서 뒤처진다고 얘기합니다.

김 | 그 문제와 관련해서는 두 가지를 생각해봐야 할 것 같은데요. 하나는 도요타 리콜사태에서 볼 수 있습니다. 임금비용 또는 고용비용을 낮추는 것이 단기적으로는 당연히 비용을 줄이기 때문에 기업의 수지타산에 도움이 되죠. 근데 그게 장기적으로 지속될 수 있느냐는 것이죠. 도요타 리콜사태를 보면 알 수 있듯이 단기 비용을 줄이려고 임시직을 쓴다든지 해외의 값싼 인력을 동원해서 부품을 조달한다든지 하는 것이 지금 당장은 비용을 줄이는 데 플러스 요인이 되지만 장기적으로는 품질 유지나 기술혁신에 도움이 되지 않을 수도 있다는 겁니다.

다른 측면으로는 고용이 늘고 그로 인해서 노동자 소득이 늘어서 구매력이 확보되지 않는 한, 현재 전 세계적으로 문제가 되고 있는 과잉생산 문제를 해결할 수도 없고 전 세계적인 소비 위축도 해결할 수 없습니다.

개별기업으로는 해결하기 어려운 문제들을 국제 공조로 풀려는 움직임이 있잖아요. 금융규제라는 것만 봐도 개별기업, 예를 들어 골드만삭스라는 개별 금융기업 입장에서는 수익성이 떨어지는 요인이 되기 때문에 금융규제를 반대하지요. 하지만 글로벌 경제 입장에서는 그렇게 해야만 전체가 살 수 있어서 금융규제를 도입하려는 것이죠. 고용문제도 마찬가지일 거라고 생각해요. 취직이 기업과 개인의 자유계약으로 성립된다고 쉽게 얘기하는데, 사실 그랬던 적은 별로 없습니다. 또 그 논리로 보면 노동법이라고 하는 것들은 국가가 기업과 개인 사이의 자유로운 계약에 개입하는 것이 되고 말죠.

우리는 이미 수백 년 동안 지속된 자본주의 역사에서 노동자와 자본가 사이에는 힘의 균형을 맞춘 계약관계가 성립될 수 없음을 알고 있습니다. 그래서 국가가 노동법 같은 것을 통해 힘이 약한 노동자들을 위한 법적, 제도적 보호 장치를 만든 것이죠. 나름대로 균형 있는 계약관계가 성립되게 해주려고 노력하는 거거든요. 그런데 이런 법과 제도들이 신자유주의 시대로 접어들면서 고용유연화라는 이름하에 많이 깨졌습니다. 일반적으로 신자유주의에서 가장 크게 실패한 것이 금융시장이라고 얘기하는데 저는 그 이상으로 실패한 것이 노동시장이라고 생각합니다. 최근의 세계적인 추세로 보건대 노동시장 중에서도 청년들의 시장이 실패할 확률이 가장 높아 보입니다. 이 얘기는 뒤집어서 말하면 국가가 개입하든지 제도로 보장하든지 어떤 형태로든지 그 실패를 바로잡을 수 있는 뭔가가 필요하다는 것입니다.

국가 개입 필요한 고용문제

임 | 우리 산업구조가 기형적이라고 생각해요. 농업 쪽은 완전히 망하고 반도체나 자동차, 조선 같은 특정 분야 물건만 열심히 만들어서 내다 팔고 다른 나라에서 필요한 것을 사와서 쓰잖아요. 제가 듣기로 북한의 식량자급률이 65퍼센트라고 하더군요. 우리는 25퍼센트 정도고요. 북한은 그런 상황에서도 경제봉쇄 조치가 내려지니까 식량문제로 힘겨워했는데, 만약 남쪽에서 그런 상황에 처하면 북한과 비교도 할 수 없는 비극이 벌어질 것 같습니다. 특정 상품에만 집중하면 위험한 상황이 올 수도 있으니, 농업도 살리고 수입하던 것들도 국내에서 생산할 수 있도록 산업구조를 바꾸는 게 중요할 것 같습니다. 그러면 고용문제도 많이 해결될 것 같고요.

김 | 사실 우리 경제가 이만큼 발전한 데에는 정부가 특히 1960년대 이후 적극적인 산업정책을 폈기 때문이죠. 경제개발 3개년, 5개년 계획들을 동원하면서 정부가 나서서 계획적으로 경제를 육성했습니다. 그런데 90년대 초 김영삼 정부가 신자유주의를 기조로 내세우면서 이런 산업정책이 폐기됐습니다. 엄밀한 의미에서 보면 지금은 산업정책이 없다고 봐도 됩니다. 개별기업들이 독자적으로 투자하는 것이 대부분이고 이전의 노무현 참여정부가 추진한 정책이나 현재 이명박 정부가 신성장동력 등의 구호를 내세우며 추진하는 것도 예전에 비하면 정책 의지나 기획력이 많이 떨어지죠.

농업의 경우 2년 전에 농산물 가격이 폭등했을 때 많은 나라가 안보적인 차원에서 수출을 금지했는데요, 농업은 전략적으로라도 일정 수

준의 자급률을 유지시킬 필요가 있습니다. 우리나라 자급률이 25퍼센트라고 하지만 쌀이 들어갔기 때문에 그런 거지, 쌀을 제외하면 5퍼센트밖에 안 돼요. 사실 농업을 기반으로 하지 않은 경제선진국은 지구상에 존재한 적이 없다는 얘기도 있는데요. 이렇게 보더라도 농업은 별도로 산업적으로 육성하는 정책을 고민해봐야 합니다. 얼마 전 자료를 보니까 대한민국 농촌 인구의 3분의 1이 65세가 넘었더라고요. 결국 현재 우리나라 농업정책은 산업정책이라기보다는 거의 노인복지정책 수준이 되어버렸어요.

현 정부가 녹색산업 친환경산업이라는 얘기를 많이 하는데 녹색산업 키워드는 사실 농업에 있습니다. 산업구조를 바꾸고 고용을 창출하려면 교육, 보건, 노인요양 같은 사회서비스에도 관심을 기울여야 합니다. 그동안 사회서비스 산업의 필요성이 많이 제기되었지만, 우리나라는 아직도 여전히 소위 첨단산업이나 금융산업 같은 부문에만 과도하게 힘을 쏟는 측면이 있어요. 정부가 계획적이고 조직적으로 교육, 보건, 노인요양 같은 사회서비스에 기초 투자를 해야 하는데 그런 쪽에는 투자를 잘 안 하고 있습니다.

임 | 이윤추구가 목표인 개별기업들에게 경제를 맡겨놓아 결과적으로 사회 전체가 골고루 성장하는 방식이 아니라 특정 분야만 발달하는 부작용이 나타난 것 같습니다. 그래서 정부가 경제에 개입해야 할 필요성을 많이 얘기하신 것 같은데요, 사실 그건 논란이 많은 얘기 같습니다. 어떤 사람들은 국가가 더 많이 개입해야 한다고 말하는가 하면, 어떤 사람들은 그럴수록 부작용이 생긴다고 우려하기도 하거든요. 이런 논란에 대해서는 어떻게 생각하시는지요?

김 | 사실 자본주의 역사를 보면 국가가 경제에 개입하지 않은 경우는 아주 예외적이었어요. 어떤 식으로든 국가는 경제에 개입해왔습니다. 그런 측면에서 봤을 때, 최소한 국가가 경제에 이 정도는 개입해야 한다는 공감대, 그러니까 개입의 '최소치'에 대한 이해가 필요할 것 같습니다. 그러면 국가가 지금보다 훨씬 더 많이 금융시장과 노동시장에 개입해야 한다는 것을 인정하게 될 겁니다. 사회복지, 즉 사회안전망 확충을 위해서도 국가가 더 많이 개입해야 하고, 고용문제에도 개입해서 실업문제를 해결해야지요.

지난 20년을 신자유주의 전성기라고 본다면, 그 시기에도 노동시장의 실패는 워낙 확실했습니다. 그래서 일부 유럽국가에서는 소위 적극적인 노동시장 정책이라고 해서 국가가 해야 할 역할 범위를 최소한 나름대로 정했는데 그조차도 충분한 게 아니었습니다. 지금의 경제위기가 그것을 보여주잖아요. 지금은 유연안전성 모델*이나 적극적인 노동

★고용의 유연성과 안정성을 동시에 추구하는 모델.

시장 정책만으로도 부족한 것 아닌가 하는 생각이 듭니다. 특히나 청년 노동시장 쪽은 더 그런 것 같습니다.

우리의 경우 과거 1970년대에는 주로 정부가 직업훈련기관을 각 도마다 세우고 직훈제도라는 것을 만들어서 인력을 양성했습니다. 그런 뒤 기업으로 보냈습니다. 생산이 양적으로 팽창되던 1980~1990년대 중반에는 대기업이 대규모로 고용한 뒤 직업훈련을 시키고 그 인력 중 일부가 중소기업들로 갔지요. 청년들의 경우 항상 초기에는 훈련 과정이 필요한데, 과거에는 앞서 언급했듯이 국가나 대기업에서 비용을 들여 이 일을 했던 겁니다. 그런데 외환위기 이후에는 이런 주체들이 사라졌어요. 도리어 중소기업들이 엄청난 어려움을 감수하면서 키워낸

인력을 대기업들이 가로채는 황당한 상황이 벌어졌을 뿐이죠.

결국 청년 고용문제는 시장의 구조로는 풀 방법이 없다는 데 대부분 사람이 동감하고 있습니다. 시장으로도 작동이 안 되는 것에는 아주 명백하게 국가가 개입해야 하고, 청년 고용문제처럼 그렇게 해도 잘 해결되지 않는 것에는 훨씬 더 세게 개입해야 한다고 지적하는 겁니다. 이런 예로 이슈화되었던 것이 청년고용할당제죠. 고용을 하라고 해도 안 하니까 결국 국가가 사회적 합의를 이끌어내 일정한 여력이 되는 사기업이나 공기업에 청년들 고용자 수를 할당해준 거죠. 마치 장애인들에 대해서 법적, 제도적 조치를 취하는 것처럼요. 이런 조치를 고민해야 할 만큼 청년 고용시장에서는 시장 메커니즘이 잘 작동되지 않는 상황입니다.

임 | 정부가 간접적으로 개입하는 방식도 있지만 직접 국영기업을 활성화해서 고용을 늘리는 방법도 있을 것 같은데요. 예전에 국가가 좀더 적극적으로 산업정책을 실시했듯이 시장 메커니즘이 잘 작동되지 않는 부문에 대해서는 단순히 법과 제도 측면에서만 정비할 것이 아니라 아예 정부가 개입해서 기업을 키워낼 수도 있다고 생각합니다. 이것에 대해서는 어떻게 생각하시나요?

김 | 신자유주의의 또 다른 얼굴이 민영화인데 민영화를 통해서 공공부문*들을 계속 줄여왔죠. 그러나 민영화 논리를 이쯤에서 다시 돌아봐

★ 중앙정부와 지방정부뿐만 아니라 공기업에서 재정적인 보조를 받는 기관들을 포괄하는 개념. 민간 부문과 대비되는 말이다.

야 합니다. 특히 공공재나 사회 인프라에 대해서는 어떤 면에서 보더라도 민간보다 공공에서 관리하는 게 더 나을 수 있다는 얘기들이 많습니

다. 예를 들어 통신 시설만 봐도 그렇습니다. 옛날에는 통신 이용자 수가 굉장히 적었지만 지금은 가스, 수도 이용자만큼이나 전국적으로 많잖아요. 국민들이 이렇게 일상적으로 이용하는 것들을 과연 민간 부문에 맡기는 게 맞느냐 이런 것도 생각해봐야죠.

임 | 통신 시설 같은 경우는 기지국을 서로 공유하면 시설을 훨씬 효율적으로 사용할 수 있는데 사업자들마다 기지국을 각각 건설하니까 국가 차원에서 보면 낭비가 엄청난 것 같습니다.

김 | 낭비적인 요소가 굉장히 많죠. 그처럼 시장 메커니즘에서 잘 작동하지 않는 것은 오히려 공공 부문 쪽에서 맡아 하는 게 시대 흐름에 맞을 수도 있습니다. 최근에는 금융 쪽 부패문제가 부각되면서 과연 민간이 그 영역을 맡는 것이 맞느냐 아니면 다시 공공 부문이 금융 쪽에 적극적으로 개입해 자금 중개 기능을 복구시키는 것이 맞느냐 하는 논란이 일기도 했습니다. 특히 사회서비스 분야에서는 공공 부문이 적극적으로 개입해야 한다는 목소리가 큽니다.

　최근에 진보와 보수 세력이 합의한 것이 있는데 그게 뭐냐 하면 사회서비스를 확대하는 게 일자리를 만드는 가장 좋은 방법이라는 겁니다. 이 방법에 관한 한 진보와 보수, 여당과 야당이 완전히 의견의 일치를 본 것 같아요. 그런데 문제는 사회서비스를 어떻게 만들 것이냐 이 부분에서 의견이 갈린다는 것이죠. 정부는 민간 쪽이 사회서비스 분야로 진출할 수 있도록 지원하겠다고 하고, 진보 쪽에서는 공공 부문이 적극 나서야 한다고 주장합니다.

　사회서비스는 기업들이 생각하는 것만큼 수익이 크게 나지 않습니다. 만약 사회서비스, 예컨대 보육이라든지 노인요양이라든지 교육이나 보건 쪽에 기업들이 진출해서 수익을 남기려면 둘 중 하나를 선택할 수밖에 없어요. 임금을 확 떨어뜨리거나 국민들에게 제공하는 서비스 비용을 왕창 높이든가 해야 합니다. 어떤 경우를 선택하든 보편적인 서비스를 제공하려던 취지에는 어긋나죠. 임금을 낮추면 일자리는 늘어나겠지만 굉장히 저렴한 일자리만 많아질 테고, 서비스 대가를 높이면 돈 없는 사람들은 서비스를 받지 못할 테니까요. 이렇게 보면 사회서비스는 좋은 일자리를 만들기 위해서든지 국민들에게 사회적인 좋은 서비스를 적당한 가격에 제공하기 위해서든지 공적으로 해야만 하는 굉장히 중요한 분야지요.

임 | 말씀하신 것처럼 공공 부문에서 부담하는 게 점점 늘어나면, 정부가 감당해야 될 경제 영역도 늘어나 그만큼 써야 할 돈이 많아질 수밖에 없을 텐데요. 요즘 국가부채에 대한 얘기가 많이 나옵니다. 결국 정부가 감당하는 부분이 늘어나면 그런 사업을 지원할 재원문제도 제기될 수밖에 없습니다. 이런 문제는 어떻게 해결할 수 있을까요?

김 | 예를 들어서 4대강 사업처럼 일방적으로 돈을 지출하고 끝나는 거면 재원이 어디선가 나와야겠죠. 정부는 주로 그것을 '부실한' 공기업을 매각해서 마련하려고 합니다. 그런데 외환위기 이후 민영화된 KT의 경우를 보면, 정부가 민영화 이전에 돈을 투입할 정도로 부실했느냐 하면 그렇지는 않거든요. 오히려 KT가 정부한테 돈을 가져다줬죠. 매각 문제로 논란이 되고 있는 인천국제공항 같은 경우도, 수익 일부를 지금도 계속 몇백 억 원씩 정부한테 배당금으로 주고 있는 상황이거든요.

인천국제공항을 민영화시켜서 매각한다면 한몫 쥘 수는 있겠지만, 오히려 지속적으로 들어오던 수입원은 없어지는 셈이죠.

사실 외환위기 이후 우리가 매각한 대부분 공기업들, 예를 들어 KT·KT&G·포스코 이런 기업들이 이전에 적자였기 때문에 민영화했는가 하면 절대 그렇지는 않거든요. 다 흑자를 냈던 기업들입니다. 오히려 정부에 지속적으로 수익을 안겨줬던 기업들이에요. 사실 계속 적자를 볼 사업 영역이라면 절대 민간에서 인수하지 못해요. 수익이 없거나 적자가 나는 사업을 민간 기업에서 왜 인수하겠습니까?

임 | 복지처럼 시장 외부에 존재하는 부문을 확대하려면 그만큼 재원이 더 필요할 텐데요.

김 | 조세를 통해 부유층한테서 세금을 거두어서 저소득층한테 쓰는 식으로 소득재분배를 하는 것도 한 방법이라고 봅니다. 북유럽 국가들이 그렇게 하고 있죠. 그전에는 북유럽 사회도 소득 격차가 우리나라보다 더 컸습니다.

여기서 짚고 갈 점은 정부가 사회서비스 분야를 맡았을 때 사회 전체에 어떤 효과를 가져올 수 있느냐 하는 것입니다. 정부가 사회서비스 시스템을 잘 만들어낼 경우를 생각해보죠. 지금은 공공보육시스템이 워낙 안 갖추어져서 어린아이들을 공공보육시설에 보내려면 줄을 서야 합니다. 그러고도 몇백 명씩이나 대기자가 남죠. 그런데 공공보육시스템을 더욱 확충해서 취약계층이나 저소득층을 흡수하면 어떻게 될까요. 멀리 보면 정부가 지출할 복지비가 줄어듭니다. 노인요양시설이나 보육시설 등 이런 공공시설들이 잘 갖추어져 있으면 정부가 그런 시설에 직접 써야 할 비용이 사회서비스 시스템 안으로 들어오기 때문이죠. 또한 공공시설에 사람들이 고용되고 그들이 소득을 얻어 세금을 내는 선순환 효과도 생깁니다. 결국 사회서비스 분야를 정부와 민간 중 어느 쪽이 맡았을 때 총비용을 줄일 수 있느냐를 따져보아야 합니다.

사회서비스 분야를 민간 부문이 맡으면 일단 고용의 질이 나빠질 가능성이 높습니다. 그럼 이 분야에서 일하는 사람들은 상당수가 일하면서도 가난한 워킹푸어Working Poor가 될 가능성이 높습니다. 그러면 정부에서 이들에게 생계보조금을 지출해야 됩니다. 이렇게 보면 정부가 재원을 들인다고 하더라도 사회서비스 분야를 맡는 것이 오히려 더 효율적이라는 결론이 나옵니다.

격차의 구조화

임 | 설사 취업을 했더라도 비정규직인 경우가 대부분입니다. 그러다 보니 빈부 격차도 점점 심해지고요. 계속 이런 추세라면 결국엔 사회가 불안해지고 계층 간의 갈등도 심해질 것 같습니다. 빈부 격차는 갈수록 심해지고 열심히 일해도 빚은 더 늘어납니다. 운 나쁘게 큰 병에라도 걸리면 집안이 풍비박산이 날 정도로 다들 삶이 불안합니다. 왜 이렇게 된 걸까요?

김 | 요즘 우리 사회의 심각한 문제는 소득 격차가 자산의 격차를 낳고 그것이 다시 자녀들의 학력 격차로 이어진다는 것입니다. 이런 방식으로 격차라는 게 갈수록 구조화되는 것 같습니다. 생산력이 발전하고 기

술이 혁신되면 그 결과가 사람들에게 이로워야죠. 그런데 반대로 가는 거예요.

어떤 분들은 기술이 혁신되면 '고용 없는 성장'이 불가피할 수밖에 없다고 하는데 그건 굉장히 잘못된 견해입니다. 만약 그렇다면 1700년 도 말 기계제조업이 시작된 이래 자본주의 사회에서 고용 상황은 꾸준히 나빠졌어야죠. 그 후로도 기술혁신은 어느 한순간 멈춘 적이 없고, 최근 20년 동안만 기술혁신이 일어난 것은 아니잖아요. 예를 들어 자본주의 초기에 증기기관이 발명되고 기계제조업이 도입되었으며 그 중간에 철도와 통신기술이 발전했습니다. 전기도 발명되고 에너지산업도 획기적으로 발전했지요. 20세기 들어와서는 대량생산시스템이라는 것도 도입되었습니다. 이렇게 기술혁신은 거듭되었습니다. 그런데 역사적으로 보면 고용 상황이 계속 좋아졌죠. 1970년대 말까진 상당히 괜찮았습니다. 최근 20년 동안 유례없이 나빠진 겁니다. 이것을 보면 기술혁신과 고용 악화는 직접적인 관계가 없다는 사실을 알 수 있습니다.

인간이 기술혁신을 하는 이유는 간단합니다. 까딱하면 다칠 수 있는 위험하고 힘든 노동을 사람 대신에 기계가 하도록 하자는 겁니다. 따라서 이런 노동에서 벗어나고자 하는 것이 기술을 혁신하는 첫 번째 이유입니다. 두 번째는 먹고사는 데 들어가는 시간, 생존에 필요한 절대노동시간을 줄여서 더 많이 문화생활도 하고 여가생활을 하려는 데 있습니다. 그런데 지금 현실을 보면 생산력이나 기술 발전이 자본가에게 더 많은 이윤을 안겨주었는지는 몰라도, 적어도 인간의 삶을 풍요롭게 하는 데에는 별로 기여하지 못한 것 같습니다.

노동시간을 줄여야 하는 이유는, 노동자들에게도 기술혁신의 혜택이 돌아가야 하기 때문입니다. 이런 점에서 노동시간 단축은 대단히 중요합니다. 그런데 한국은 연간 노동시간이 2000시간이나 됩니다. 작년에 한국은 기록 두 개를 세웠는데요, OECD 국가 중에서 가장 빠르게 경기가 회복되었다는 것과 OECD에서 거의 유일하게 단위 노동비용이 줄어들었다는 것입니다. 단적으로 말하면 생산력과 기술혁신의 열매가 노동자에게 가지 않는다는 말입니다. 노동자 입장에서 보면 기술혁신으로 여가생활이 늘어난 것도, 소득이 늘어난 것도 아니죠. 결국 기술혁신 혜택이 한쪽 계층에게 편중되어 돌아가 버리고 그게 결과적으로 소득과 자산의 격차를 낳고, 자녀들의 학력 격차를 만들어내며, 이 격차가 다시 격차를 확대시킨다는 것입니다.

좀 다른 얘기지만, 청년 세대를 이렇게 비판하는 사람들이 있습니다. 요즘 젊은이들이 눈이 너무 높아서 취직을 못한다는 것이죠. 그러니까 눈높이를 낮춰서 일자리를 구하라는 조언 아닌 조언입니다. 재미있는 사실은 통계를 보면 현실은 이런 주장들과 좀 다르다는 겁니다. 대졸 출신들이 눈이 높아서 취직이 안 된다면 눈높이가 애초부터 높을 것이 없는 고졸 출신들은 취직이 더 잘되어야 하거든요. 그런데 취업률이나 고용률을 보면 대졸이 훨씬 높아요. 왜 그럴까요? 제가 볼 때는 대졸 출신들이 이전에 고졸이 가던 곳으로 가버렸기 때문입니다. 그러니까 고졸은 더 갈 데가 없어지는 겁니다. 이런 현상은 9급공무원 모집에 대졸자가 몇만 명 모였다는 뉴스만 봐도 알 수 있습니다. 고졸 출신들은 결국 자신의 학력을 높인 후에 낮은 일자리를 찾아가는 수밖에 없게 된 거죠. 그래서 전체적으로 학력이 자꾸 높아져 학력 인플레이션이라는 악순환에 처한 겁니다. 이 때문에 굳이 갈 필요 없는 사람까지 대학에 가야만 하는 상황이 벌어졌습니다.

임 | 세계화가 진행되면서 한 나라 차원의 경제를 넘어서 지역적으로 협력하려는 움직임이 점점 많아지는 것 같습니다. 유럽연합이나 남미 국가공동체 같은 것이 대표적이죠. 이런 측면에서 보면 남과 북의 통일과, 동아시아에서 공동체에 대한 고민과 상이 필요할 것 같습니다.

김 | 한 국가의 경제만 따로 떼어서 보기는 대단히 어려운 게 현실입니다. 그런 의미에서 세계화라는 것을 피하기는 어려울 것 같습니다. 세계화 유형은 여러 가집니다. 그중 대표적인 것이 기술 변화나 교역 구조 확대에 따른 세계화와 신자유주의적 방식의 세계화죠. 그러니까 지난 20여 년간 우리가 보아온 신자유주의적인 세계화만 세계화로 보아선 안 되겠지요.

우리나라는 '분단'이라는 특수한 조건을 갖고 있는데, 이런 상황이 단점으로 작용하지만 적어도 남과 북이 경제공동체를 만들 경우에는 큰 장점으로 바뀔 가능성이 높습니다. 왜냐하면 인구가 7천만이 넘어서 내수 기반이 어느 정도 갖춰질 수 있기 때문입니다. 최근 글로벌 시장에서 문제가 생기면서 각 국가가 얼마만큼 내수 기반을 다졌느냐가 중요한 문제로 떠올랐거든요. 예를 들어 유럽 국가 중에서 그리스가 경제적인 어려움을 겪고 있는데요, 여러 이유가 있지만 그중 한 요인을 들자면 그리스는 주로 관광자원에 의존하고 있어서예요. 관광산업은 외부환경에 큰 영향을 받죠. 이렇게 보더라도 내수 기반을 갖추어놓는 것이 대단히 중요하다는 사실을 알 수 있습니다.

통화체제도 굉장히 중요합니다. 달러 중심의 세계통화체제가 급변하고 있거든요. 그런데 어떤 통화를 단번에 초국가적인 글로벌 통화로 만드는 건 쉬운 일이 아닙니다. 지역협력 등의 형태를 통해서 아시아의

치앙마이 이니셔티브* 같은 초기적인 모델들이 부상하고 있습니다. 이

★ 동남아시아국가연합(ASEAN)과 한국·중국·일본 3국이 외환위기 발생을 방지하려고 체결한 통화교환협정.

처럼 세계단일경제체제보다는 지역을 중심으로 한 경제공동체가 현실화할 가능성이 높습니다. 그러므로 지금 우리에게 무엇보다 중요한 것은 동아시아 국가들과 경제협력을 하는 것입니다.

김대중 정부 때 한국 경제를 아시아 지역경제와 연동시키려는 시도가 처음 있었습니다. 참여정부 때도 잠깐 얘기됐는데 한미FTA로 기조가 바뀌면서 후반기에는 이 얘기가 사라져버렸죠. 이명박 현 정부는 아예 '아시아 지역협력'이라는 방향 자체를 아직까지도 인식 못하고 있는 실정인 것 같고요. 오히려 신자유주의식 세계화로 역주행을 하고 있으니까요.

지역경제협력이라는 것은 중요한 의제이고 특히 자원과 에너지협력 등이 논의되면서 가속화되고 있는 듯합니다. 이렇게 보면 어느 정도의 자립적인 내수 기반을 마련하는 가운데 지역협력을 고민하는 것이 바람직한 '세계화'의 방향이 아닐까 싶습니다. 금융과 자본만 자유롭게 오가는 신자유주의적인 세계화가 아니면서 말이에요.

임 | 우리나라 1위 교역 국가가 중국입니다. 2위가 유럽연합이고, 미국은 뒤로 밀렸죠. 이처럼 이미 역내 교역(지리상으로 가까운 나라들과 하는 교역)이 활성화되고 있고, 북한도 점점 이 지역경제협력체제 속으로 들어오려고 노력하고 있습니다. 물론 미국이 훼방을 놓겠지만요. 이런 지역경제협력체제가 조직될 움직임이 보이면서 미국이 긴장하는 모습이 많이 보입니다. 도요타자동차 사례를 보더라도 그렇고요. 이런 시대 변화에 우리는 어떻게 대응해야 할까요?

김 | 최근 20년 동안 우리나라를 보면 자본시장은 미국 의존도가 훨씬 심해진 반면 무역시장은 중국이 미국의 2배나 크죠. 수출의존도만 놓고 봐도 미국은 10퍼센트밖에 안 되지만 중국은 작년 기준으로 이미 24퍼센트를 넘어섰습니다. 올해 더 커진다면, 중국이나 아세안 국가들에 대한 우리의 의존도는 무척 높아지는 셈이 되죠. 월가의 영향력이 예전 같지 않다는 전제를 깔면 앞으로 더욱 적극적으로 아시아 지역 국가들과 협력해야 할 겁니다.

자본시장에서 보면 우리나라는 여전히 이머징마켓emerging market입니다. 즉 신흥시장이란 말이죠. 이렇다면 우리가 자꾸 선진국을 흉내 낼 것이 아니라 신흥국 입장을 대변하면서 자리를 잡아가는 게 이익을 얻는 길 같습니다. 통화만 봐도 그렇잖아요. 아무리 대한민국이 선진국이 됐다고 우겨도 우리나라 밖을 벗어나면 원화는 별 가치가 없습니다. 외환보유고를 엄청나게 쌓아야 된다는 건 변함이 없고 말입니다. 결국 지금 우리는 아시아나 아프리카, 남미 다른 나라들과 다를 바 없는 처집니다. 이것이 현실인 만큼 다른 신흥국들과 손을 잡고 신흥국 입장을 적극적으로 대변하려고 노력해야 합니다.

당사자들은 안 움직이는 청년 실업 문제

임 | 지금까지는 주로 기업, 국가에 관해 얘기를 나누었는데요, 현장에서 일하는 노동자들에 대해서도 얘기하지 않을 수 없을 것 같습니다. 노동자들은 기업이나 국가에 비해서 힘이 없어 제 목소리를 내기 힘듭니다. 이런 상황에서 노동자들이 경제문제에 개입하려면 노동조합을

통하든지 노동자를 대변하는 정당을 통하는 수밖에 없을 것 같은데요, 노동조합이나 진보정당 역할에 대해서는 어떻게 생각하시나요?

김 | 아주 선언적으로 말하면, 사실 경제문제는 경제문제이면서 가장 정치적인 문제입니다. 경제문제 대다수가 정치적으로 해결하지 않으면 풀리지 않는 것들이죠. 그렇기 때문에 정치개혁이 선행되지 않는다면 경제개혁은 실제로 일어나지 않을 수밖에 없는 상황입니다.

경제문제에 자꾸 관심을 갖고 경제문제를 중요하게 여겨야 하는 이유는 여러 가지예요. 가장 큰 이유는 경제라는 것이 사회를 움직이는 토대이기 때문입니다. 사회 그 자체의 물질적 근거이고 모든 정치, 사회, 문화현상들이 사실은 대부분 경제에 뿌리를 두고 있지요. 그래서 경제를 제대로 봐야 정치현상을 읽어낼 수 있고, 사회·문화현상이 변해가는 방향이나 원인도 알 수 있지요. 그러므로 결국 정치라는 걸로 해야 할 가장 중요한 일은 정치제도 그 자체를 만드는 게 아니라 더 평등하고 균형 있게 분배될 수 있도록 경제시스템을 만드는 것입니다.

그런데 정치라는 것이 합리적이고 합법적이며 제도적으로 풀려나가려면 현대사회에서는 정당의 역할이 크다고 생각해요. 결국 정치 중심에 정당이 있을 수밖에 없는 거지요. 그런데 문제는 정당들이 국민의 뜻을 제대로 반영하려면 정당 자체만으로는 한계가 있다는 것입니다. 그중에서도 노동자와 서민들 이해를 대변하는 진보정당들이 자기 위치를 확보하려면 사회운동을 실현할 수 있는 사회운동단체들이 폭넓게 성장해야만 합니다. 민주노동당 같은 진보정당들이 제 힘을 갖지 못하는 큰 이유도 그 정당의 뿌리가 되는 사회운동단체들의 힘이 미약하기 때문입니다. 특히 진보정당의 큰 토대인 노동조합의 영향력이 외환위기 이후로 계속 축소되고 있는 듯합니다.

또 진보정당들이 자기 토대로 설정한 계급, 계층이 노동자와 농민이었는데 농민의 수는 갈수록 줄어들고, 노동자 수는 늘어났지만 전통적으로 진보정당이 뿌리를 두었던 제조·생산 분야 노동자들은 엄청 줄어들었습니다. 농민은 경제활동 인구 중 160만 명 정도밖에 안 되고, 제조·생산 분야 노동자는 현재 380만 명 정도밖에 안 됩니다. 문제는 숫자가 줄었을 뿐만 아니라 그 인구가 고령화됐다는 데도 있습니다. 87년 노동자대투쟁 때 20~30대였던 사람들이 지금은 40대 이상이거나 정년퇴직을 눈앞에 둔 세대가 되어버린 거죠. 그래서 여기서 다시 청년들 역할이 중요해집니다.

그런데 지금 젊은이들은 기존 시스템에서 주변인이 되었을 뿐만 아니라 심지어 노동조합운동에서도 주변인입니다. 정규직으로 들어가기가 갈수록 어렵다 보니까 노동조합운동에서도 청년들이 차지하는 위치가 협소한 게 현실입니다. 최근 이런 문제를 해결하려고 청년노동조합을 별도로 만들자는 얘기들도 나오고 있긴 합니다만…….

임 | 청년유니온이 조직되는 등 최근에 20대들의 움직임이 있더군요.

김 | 그렇게 갈 수밖에 없을 겁니다. 현재는 사회운동이 삶의 구체적인 문제에 뿌리를 둔 운동으로 다시 활성화되는 게 시급하다고 봅니다. 상인들이 자신들의 권익을 지키려고 기업형 슈퍼마켓Super Supermarket 규제를 주장하기 시작했고, 청년들도 조금씩 움직이고 있습니다. 이런 흐름들이 새로운 사회운동의 토대가 되어야겠지요. 사회운동 영역으로 흡수되지 않으면 기존의 사회운동, 농민운동이 무슨 방법으로 확장되겠

습니까.

기존 노동조합들은 주로 대기업 생산직을 중심으로 조직되어 있습니다. 그런데 대기업에서 더는 새로 채용하지 않고, 뽑더라도 해외 공장에서나 뽑는 상황이거든요. 그래서 기존의 대기업 생산직 분야에서 사회운동 역량이 확대될 가능성은 없어 보입니다. 현실이 이러하니 당사자인 청년들이 다른 시도들을 해봐야 한다고 생각합니다. 그렇지 않으면 해결책이 나올 수 없으니까요. 막말로 청년 고용을 모두 정부가 해줄 수는 없잖아요.

제가 생각할 때 본인들은 가만히 있는데 딴 사회집단들이 해결해달라고 요구하는 유일한 문제가 청년들 일자리인 것 같습니다. 청년 실업이 한국 사회에서 가장 큰 문제라고, 경제문제 중에서도 가장 크다고 모두 말하고 있는데, 정작 당사자들은 잘 안 움직이는 것 같습니다. 단순히 자신이 제대로 스펙을 쌓지 못해서 취업이 안 된다는 둥 개인의 문제로 여기는 경향이 많은 듯해요. 열 중 한두 명에게 나타나는 문제라면 그건 개인 문제가 맞습니다. 그러나 여덟아홉 명이 똑같은 문제에 봉착해 있다면 그건 개인 문제가 아니죠. 그땐 이미 집단의 문제인 겁니다.

지금 대다수 청년들은 취업, 대학등록금 그리고 등록금에서 파생된 부채문제를 떠안고 있습니다. 이건 분명 집단적으로, 사회적으로 해결해야 할 문제입니다. 이제 문제를 해결하자면 청년들은 자신들의 목소리를 대변해줄 자신들만의 결사체가 있어야 합니다. 여기서 새로운 사회운동이 시작되고 이런 운동을 토대로 진보정당이 힘을 갖게 되죠. 그럴 때에야 청년들을 가로막고 있는 경제문제를 정치적으로 풀어낼 수 있습니다.

임 | 제가 대학생들을 대상으로 강연할 때, 지금 취업이나 준비하고 있을 때가 아니라고 많이 얘기합니다. 사회문제에 신경을 써야 한다고 강조하죠. 대학생들도 요즘엔 이런 얘기에 수긍하는 분위기입니다. 그렇더라도 실제로 직접 행동에 나서는 것은 또 다른 문제인 것 같습니다.

김 | 예전 대학생들은 지식인이었습니다. 사회 불의에 맞서는 지사적인 성격이 강했지요. 요즘 대학생들은 그보다는 예비노동자 성격이 더 강할지도 모르겠습니다. 어떻게 들릴지 모르겠습니다만, 지금 대학생들은 70년대 공고생들이랑 비슷한 것 같습니다. 당시에 공고생들이 주로 취업 문제를 고민했듯이 지금 대학생들도 그렇다는 거죠.

저는 여전히 "존재가 의식을 결정한다."는 유물론적인 판단이 무척 중요하다고 생각해요. 지금 대학생들은 제가 대학 다닐 때와는 분명 다릅니다. 존재론적인 근거가 바뀐 거죠. 따라서 그들만의 존재에서 나오는 의식이라는 게 분명히 있고, 그걸 존중해줘야 합니다. 그리고 그들이 그런 존재론적인 토대에서 운동을 재설계해야 한다고 보죠. 예전 학생운동에서 취업·등록금문제는 정치투쟁을 위한 전 단계로 학생들을 모으는 수단이었지만, 지금은 그런 문제들을 진정으로 해결해야 할 과제로 봐야 합니다. 노동자들이 정치투쟁을 위한 전 단계로 임금인상투쟁을 하는 것이 아니라 임금인상 그 자체를 위해서 죽어라고 투쟁하잖아요. 생존이 걸린 문제이기 때문이죠. 지금 청년들도 그렇습니다.

그런데 한쪽에서는 20대들을 자꾸 노동조합 관점으로만 보려는 것 같습니다. 20대가 예비노동자라는 사실은 맞지만 그들은 기존의 노동조합운동과는 조금 다른 길을 가리라고 생각합니다. 예를 들어 지금 20대를 보면 재학생이거나 휴학생이면서 알바생이고, 알바생이면서 취업 준비생입니다. 취업 준비생이면서 학교도 다니고 알바도 하고, 취업되었다가도 금방 떨어져 나와서 다시 취업 준비생으로 돌아가…. 이렇기 때문에 지금 20대는 노동자인지 학생인지 알바생인지 비경제활동인인지 좀체 규정하기 어렵습니다. 동일인이 이중삼중의 정체성을 갖고 있기 때문이지요. 아침이면 회사로 출근해 일하다가 퇴근 도장 찍고 나오는 흔히 생각하는 노동자들하고는 분명 다릅니다. 따라서 지금 20대는 그들의 현실에 맞는 결사 방식과 운동 방식을 찾아내는 것이 무엇보다 중요하다고 봅니다.

어쨌든 지금 20대는 기존 노동조합하고는 다른 길을 가리라 봅니다. 어쩌면 노사모 노무현을 사랑하는 사람들의 모임와 비슷할지도 모르겠습니다. 노동조합의 형태, 활동 방식을 고정되게 생각하면 안 된다는 거죠. 노동조합이라 하더라도 이전과는 행동 방식도, 조직 방식도 다를 수 있습니다. 그런데도 그것을 노동조합이라고 하고 그 운동을 하는 20대를 노동자라고 말하는 이유는 그들 역시 먹고사는 문제를 가장 중요시하기 때문이지요.

임 | 분명 청년들이 뭔가 새로운 흐름을 만들어내야 할 것 같습니다. 말씀하신 것처럼 이전과는 조건도 달라졌고요. 하지만 여전히 쉽지 않은 문제인 것 같습니다.

김 | 학생들이나 젊은 사람들이 자신의 존재론적 토대 위에서 조직이나 단체를 만들어서 승리의 경험을 쌓고 서로 공유하며 연대의식을 갖는 게 중요하겠지요. 그것을 기반으로 만들어지는 정치적 파워는 이전보다 훨씬 셀 거라고 생각합니다.

임 | 그런 것들을 좌편향과 우편향을 지양하면서 슬기롭게 해내는 것이 쉽지 않으리라는 생각도 듭니다.

김 | 그렇죠. 가장 강조하고 싶은 것은, 20대 본인들이 "내 문제는 내가 푼다."는 당사자주의를 가져야 한다는 겁니다. 그래야 많이 뭉치겠죠. 앞서 얘기한 것처럼 20대는 사회에서 잠재적인 파워가 제일 크고, 20대 문제에 모든 사람의 관심이 집중되어 있는데도 막상 당사자인 청년들이 움직이지 않고 있는 겁니다. 당사자주의에 대해 자각하고 의식하게 될 때에야 비로소 반전이 일어나리라 봅니다.

몸은 약자를 중심으로 할 때 생명을
유지할 수 있습니다. 만일 위암에 걸렸다면
몸의 모든 부분은 자신이 지금까지
했던 활동들을 이 암을 고치는 일에 집중할
것입니다. 암을 방치하면 위뿐만 아니라
몸 전체가 죽기 때문입니다.

손가락 하나의 움직임도
차별 없는 세상을 향해

이강실 한국진보연대 상임대표

1959년 전주에서 딸 일곱 중 여섯 번째로 태어났다. 호주제에 문제의식을 가지면서 여성운동을 시작했고, 광주민중항쟁을 경험한 후 통일운동에도 발을 들였다. 목회자로서 개인의 변화와 사회 변혁을 아우를 수 있는 영성 개발에도 관심이 많다.
현재 전국여성연대 상임대표, 전주 고백교회 부목사, 6·15공동선언실천 남측위원회 상임운영위원, 한국진보연대 상임대표로 일하고 있다.
■ 인터뷰어_ 장진숙 ■ 날짜_ 2010년 3월 26일 ■ 장소_ 한국진보연대 사무실

장 | 우리 사회에는 성차별, 장애인 차별, 인종차별 등 많은 차별이 존재합니다. 다양한 차별이 우리 사회에서 어떻게 드러나고 있으며, 그러한 차별이 형성되는 원인과 해법을 찾아보는 시간이 되었으면 합니다. 여성운동가로 오래 활동해오셨으니, 성차별에 대해 많이 고민하셨으리라고 생각합니다. 여성차별에서부터 이야기를 시작해볼까요?

이 | 제가 살아오면서 느꼈던 '여성차별'이 오늘의 저를 만들었으니, 그 이야기부터 하는 것이 순서겠지요? 우리 사회의 남아선호사상, 호주제 이것이 지금의 저를 있게 했다고 생각해요. 우리 집은 딸 일곱에 아들 하나였어요. 오빠는 둘째였죠. 그런데 오빠가 대학 4학년 때 돌아가셨어요. 제가 초등학교 2학년 때였지요. 그날이 아직도 기억나요. 밤에 자다가 일어나 보니 가족 모두가 울고 있지 않겠어요? 저도 뭔 일인지 모르면서 따라서 엉엉 울었어요. 다음 날에야 오빠가 죽었다는 사실을 알았지요.

오빠가 죽은 것도 슬펐지만, 더 큰 문제는 집안에 대가 끊겼다는 거예요. 아버지도 독자요, 오빠도 독자였으니까요. 옛날엔 이게 정말 심각한 문제였거든요. 여성들의 삶은 오로지 대를 잇기 위해 존재했던 시절이었어요. 우리 할머니 삶은 온전히 아버지, 오빠에게 바쳐졌지요. 오빠가 죽기 직전까지도 할머니는 오빠와 서울에서 살면서 뒷바라지를 하셨어요. 그런 오빠가 죽었으니 집안 분위기가 말이 아니었죠.

"네가 잠지를 달고 나왔어야 했는데…"

장 | 충격이 컸겠군요. 오빠의 죽음은 이후 선생님 삶에 어떠한 영향을 주었나요?

이 | 세상 물정 전혀 모르는 어린아이였으니, 죽음 자체에 대해서는 별로 충격을 받지 않았던 것 같아요. 그보다는 "우리 집에 아들이 없다, 대가 끊어졌다"는 말들이 더 충격적이었죠. 언니들은 이미 다 커서 그 말에 영향을 거의 안 받은 듯한데, 어린 저에게는 그 말이 의식의 많은 부분을 차지해버렸지요. 그래서 여자로 태어난 게 정말 싫었어요. 제게서 남성적 기질이 좀 보였던지 저를 볼 때마다 할머니는 "네가 잠지를 하나 달고 나왔어야 했다"는 말을 종종 했어요. 그럴수록 여자로 태어난 게 더 싫었죠. 그래서 여자를 싫어하고 남자를 더 좋아했어요. 그리고 여자처럼 살지 않겠다, 비록 몸은 여자지만 남자처럼 자유롭게 제 할 일 하며 살아야겠다고 다짐하면서 어린 시절을 보냈어요.

이런 심리가 뭐겠어요? 여성을 경시하고, 남성을 막연히 동경하는 것 아니겠어요? 자신이 여성이면서 여성인 것을 부끄러워하고, 심지어 여성인 것을 부인하기까지 하죠. 여성인데도 여성으로서 자기 정체성이 없는 거예요. 이것은 남성이 완벽하다고 생각하고, 남성에 의존하는 심리로 표출되기도 해요. 가끔씩 보면 능력 있는 여성들도 남성에 의존하는 모습을 보이는데, 앞서 말한 심리가 내면화되어서라고 봐요. 이중적인 심리, 이중적인 정체성의 혼란이 만들어낸 결과물인 것이죠.

신데렐라 콤플렉스도 바로 이러한 일환이라고 할 수 있어요. 재투성이인 자신의 낮은 신분을 왕자라는 신분을 가진 남편을 통해 상향시키려는 남성 의존적인 여성 심리가 신데렐라 콤플렉스잖아요. 저에게도 이런 콤플렉스가 강하게 작용했던 것 같아요.

장 | 그렇다면 여성운동을 하게 된 심리, 생각의 변화가 있었겠군요?

이 | 대학을 졸업한 후에 다시 신학을 공부했어요. 그게 계기라면 계기였죠. 민중신학, 그중에서도 '민중 중의 민중'이라는 여성에 대해 이야기하는 여성신학을 공부했어요. 공부하다 보니까 남녀차별이 본래의 질서가 아니라는 것이 보였죠. 본래 질서가 아니라 사회문화적 요인으로 만들어진 왜곡된 생각이라는 것을 알았어요. 그 후 여성 정체성을 발견하고 그것을 찾아가면서 여성운동을 시작했어요.

가족 내에서 차별 문제를 겪으면서 다른 사람보다 좀 더 예민하게 여성차별을 받아들였고, 이런 감수성이 다른 차별 문제로까지 확장되었지요. 평등의 문제에 대해 고민하게 됐고, 이것이 통일운동·진보운동까지 하게 만들었다고 생각해요.

장 | 지금까지는 살아오면서 겪은 여성차별에 대해 이야기해주셨는데

요, 그런 차별을 대표님만 겪은 건 아니라고 생각합니다. 이런 여성차별이 생긴 이유가 무엇이라고 생각하시나요?

이 | 과거 원시공산제 사회에서는 남녀차별이 없었어요. 남녀 분업은 있어도 이것이 차별은 아니었던 시대였어요. 왜 그랬을까요? 계급이 없었기 때문이에요. 계급이 생기면서 사적소유가 생기고, 그러면서 성차별이 생기기 시작했지요. 농경·목축이 발달하면서 생산노동에 남성들이 주로 참여하고, 그 속에서 경제력이 높아졌어요. 이는 사회적 영향력 확대로 이어졌죠. 그러면서 남성들은 자기 재산을 확실하게 이어받을 자식을 원했습니다. 그런 요구로 일부일처제가 생겼고, 여성들은 재생산 역할자로 규정되기 시작했어요. 남녀차별은 이렇게 생기기 시작한 거지요. 남녀의 차이에 계급적 요소가 가미되면서 차이가 차별이 된 겁니다.

장 | 계급적 차이에서 남녀의 차별이 발생했다면, 오늘날은 더 심각한 양상으로 드러나고 있는 것 같습니다.

이 | 맞습니다. 오늘날 자본주의 사회에서는 차별이 더욱 확대되고 있어요. 여성을 가사노동 담당자로 규정해 무상으로 가정에서 재생산 노동을 담당하게 하지요. 사회가 직장으로 이들을 끌어들일 때에는 가계보조자라고 하고요. 남성은 가계담당자인 반면에, 여성은 가계보조자일 뿐이에요. 그러니까 여성들에게는 임금을 반절만 줘도 되고, 여성들을 가장 먼저 해고해도 된다고 생각하는 거죠. 비정규직 여성들이 계속 늘어나고, 남성에 비해 여성들의 실직률이 높은 이유도 여기에 있습니다.

여성문제에 최근에는 민족, 인종문제까지 결합되었어요. 제3세계 여성들, 이주여성들이 겪는 문제까지 겹쳐진 거지요. 이런 차별이 나타나게 된 것은 이것을 통해 이익을 보는 사람들이 있기 때문이에요. 신자유주의 세계화가 이런 구조를 더욱 강화하고 있고요. 그렇기 때문에 여성차별은 단순히 여성과 남성의 대결 구도로만 보아서는 안 됩니다. 민족, 계급, 인종 등 다각적인 측면에서 접근해야 해요.

장 | 요즘 광고에서 많이 나오는 똑똑한 엄마, 슈퍼맘도 이러한 여성차별의 일종이라고 봅니다. 모성 이데올로기를 지나치게 강조하고 있는 것은 아닌가 싶습니다. 이런 문제에 대해서는 어떻게 생각하시는지요.

이 | 우리 사회는 "여자는 약해도 엄마는 강하다."고 말하며 어머니를 찬양하고 미화해요. 하지만 실제로 그것은 여성을 억압하는 하나의 기제로 교묘하게 이용되지요. 여성이 차별을 받고 억압을 받는 이유 중 하나는 아기를 낳기 때문입니다. "너는 아기를 낳아 키워야 한다. 그래서 너의 영역은 가정이다!" 이 논리가 성립되는 거죠. 그러면서 여성차별이 시작됩니다.

모성이 여성 억압의 기제가 되면서 여성차별의 역사가 본격화되었다고 해도 과언이 아닙니다. 정말 어머니가 중요하고 귀중하다면, 여성이 가정과 일을 양립할 수 있도록 모성을 철저히 보호해줘야죠. 그런데 그런 건 전혀 없습니다. 아기도 쑥쑥 낳고, 살림도 잘하고, 밖에 나가서 돈도 잘 버는 슈퍼우먼이 되기를 원하지요. 아이의 성적, 대학 진학 여부, 재산 증식을 모두 여성 개인의 책임으로 돌립니다. 시간이 갈수록 여성의 짐은 커지고, 모성 이데올로기는 더욱 강화됩니다.

낙태 문제도 이 연장선에서 이해할 수 있어요. 여성들이 낙태를 할 수밖에 없는 현실이 있지요. 그런데 그런 건 전혀 고려하지 않아요. 낙태하지 않고 아기를 낳았을 때 생기는 보육 문제, 사교육비 문제, 직장 문제 등을 해결할 생각은 하지 않고 낙태만을 문제 삼으면서 낙태 여성을 반생명적인 냉혈한으로 매도하고 있어요.

정말 모성이 중요하다면, 여성이 일과 가정을 양립할 수 있는 체제, 여성만이 아니라 남성도 똑같이 일과 가정을 양립할 수 있는 체제를 만들어줘야 해요. 그렇지 않은 상황에서 모성만을 강조한다면, 모성은 여성을 억압하는 기제가 될 수밖에 없어요.

장 | 슈퍼맘이라는 것은 사회 문제를 개인의 문제로 환원시키면서 발생하는군요. 결국 내가 다 잘해야 한다는 것으로 이어지니 여성에게는 엄청난 부담과 억압이 될 수밖에 없겠어요. 이런 예는 일상에서 흔히 볼 수 있습니다. 제 주변만 둘러봐도 그렇고요. 요즘 맞벌이 안 하면서 살기는 대단히 어렵잖아요. 그래서 일을 하면서 아이 키우는 친구들을 보면 아이가 조금만 예민해져도 그것이 다 엄마인 자기 탓이라고 생각해요. 아이가 세 살이 되기 전에 엄마랑 같이 있지 않으면 정서가 불안정하다고 하니까요. 아이가 조금이라도 아프면 시댁에서 엄청나게 욕을 해대기도 하고요.

이 | 1980년대에는 남녀 성별 분업이 분명했습니다. 당시 교과서를 보면, 엄마가 앞치마를 두르고 출근하는 아빠를 배웅하는 장면이 나와요. 엄마는 집에서 살림하는 사람, 아빠는 직장에서 돈 버는 사람으로 구분이 명확했잖아요. 그런데 이후 여성들의 사회 진출이 많아지면서 이러

한 역할 분담에 균열이 생겨요.

여성도 남성과 똑같이 직장생활을 하는데 가사노동과 육아는 고스란히 여성의 몫으로 남겨져 있는 것이죠. 여성은 슈퍼우먼이 되지 않을 수 없고, 슈퍼우먼이 될 수 없는 여성은 당연히 자신의 무력감과 무능력을 자책하면서 슈퍼우먼 콤플렉스에 빠지는 겁니다. 그래서 여성단체를 중심으로 여성들이 가정과 직장을 양립할 수 있는 법과 제도를 만들려고 많이 노력했습니다. 그리고 실제로 많은 것을 바꾸어냈지요. 하지만 아직도 가사와 육아는 여성의 몫이라고 철석같이 믿는 사람들이 많고, 우리 법과 제도도 이런 한계에서 아직은 자유롭지 못합니다.

장 | 신자유주의 문제라는 관점에서 슈퍼우먼 콤플렉스를 볼 수도 있겠네요. 1990년대까지만 해도 남자가 번 돈으로 한 가정이 생활할 수 있었지만 지금은 그러지 못하니까요. 그래서 여성들이 저가 노동이라도 하는 건데, 사회복지가 잘 안 되어 있다 보니까 여성만 더욱 희생하게 되는 것이죠.

이 | IMF구제금융을 받은 이후 우리나라는 급속도로 신자유주의 세계화에 흡수되었습니다. IMF가 요구하는 것은 구조조정, 고용시장 유연화, 공공서비스 민영화, 노조 약화 등이 아닙니까? 이로 인해 여성들은 더욱더 비정규직으로, 저임금 노동자로 밀려나고 있지요. 지금 여성노동자 70퍼센트 이상이 비정규직으로 일하고 있고, 임금도 정규직 남성 임금의 36.7퍼센트에 불과합니다. 여성노동자 24.3퍼센트는 최저임금보다 적은 임금을 받고 있고요.

게다가 신자유주의는 의료, 공공서비스 부문을 민영화시키려 하고 있습니다. 그러면 결과적으로 돌봄노동은 누가 하게 되나요? 그 또한 여성들의 몫이 되는 것이죠. 신자유주의 때문에 여성들은 더욱더 열악해진 상황에서 더욱 강도 높은 노동을 해야 하고, 가정에서는 더 무거운 육아와 돌봄노동의 짐을 짊어지는 셈이지요.

장 | 직장생활을 하는 여성들이 많아지지만, 제 어머니 세대는 주로 가사노동을 하고 있잖아요. 그런데 가사노동은 노동으로서 가치를 인정받지 못하고 있습니다.

이 | 맞습니다. 여성의 가사노동이 무상으로 이루어지다 보니, 이것을 일로 취급하지 않고 담당하는 사람의 가치 또한 인정받지 못하고 있습니다. 그래서 직장에 다니는 여성들에게 묘한 열등감을 느끼는 전업주부들이 많습니다. 특히 40~50대 여성들은 사추병에 걸려요. 사춘기가 아니라 사추기를 겪죠. 살림하면서 오로지 가족만 바라보고 살아왔는데, 아이들은 다 커서 밖에서 친구들과 어울리고, 남편은 사회적 지위가 높아지니까 더 바빠지고…. 그때서야 여성들이 자기 존재에 대해 고민합니다. 자기가 없다는 것을 발견해요. 그렇다고 자신의 삶을 자녀와 남편이 보상해줄까요? 아니죠.

자본주의 사회에서는 여성의 가사노동을 무상으로 간주하면서 자본의 이윤을 극대화합니다. 만일 여성이 무상으로 가사노동을 해주지 않으면 사용주는 이 가사노동비를 돈으로 쳐서 월급으로 지급해야 하니까요. 이제는 가사노동의 경제적 가치를 인정하는 풍토가 마련되어야 합니다. 가사노동 전담자의 지위도 향상시켜야 하고요.

미국에서 잠시 공부할 때 미국 사람들의 식생활을 보고 한국 음식이 얼마나 건강에 좋은지 절실하게 깨달았어요. 주로 고칼로리의 인스턴트식품과 화학영양제를 즐겨 먹는 미국 사람들, 심한 비만으로 거동조차 제대로 하지 못하는 사람들을 보면서 채식 중심의 한국 음식이 세계적인 건강 음식으로 확산될 필요가 있다고 느꼈지요.

그전에는 한국 음식이 요리 시간이 길어 불편하다고 생각했어요. 그런데 건강이 중요하니까 음식 만드는 데 드는 시간을 아까워해서는 안 되겠다고 생각했지요. 건강하기 위해 일도 하고 돈도 버는데, 바쁘다고 인스턴트식품, 냉동식품을 먹는다는 것은 주객이 전도된 삶이잖아요. 다만 이런 가사노동을 여성과 남성이 동등하게 분담하고, 이런 식생활을 할 수 있도록 사회가 뒷받침해줘야 한다고 생각합니다. 평등, 생명, 평화의 관점에서 가사노동을 재조명해야 하고, 가사노동이 우리 삶의 질을 향상시키는 중요한 영역으로 그 가치를 인정받아야 합니다.

이제 겨우 한두 개 가진 여성들

장 | 여성인권문제로 좀 더 확대해서 이야기해볼까요? 성매매방지특별법 제정 때 위원장이셨던 걸로 알고 있습니다. 당시 상황을 이야기해주시겠습니까?

이 | 한국여성단체연합 공동대표로 있을 때 성매매 문제가 크게 터졌어요. 대명동, 개복동에 있던 성매매 업소에서 화재가 발생했지요. 대명동에서 2명, 개복동에서 14명이 죽었습니다. 감금된 상태로 생활했기 때문에 화재가 나도 빠져나오지 못한 겁니다. 사실상 집단학살을 당

한 거죠. 이 사건 이후로 성매매 여성들의 인권문제가 사회적 이슈로 부각되었습니다. 그전까지만 해도 성매매에 대해서 '돈 벌려고 저 짓 하는 거지'라는 부정적인 인식이 많았거든요.

화재가 발생한 곳에 가봤습니다. 빛도 하나도 안 들어오는 캄캄하고 조그만 방 안에서 여성들이 24시간 생활을 했더군요. 목욕탕, 미장원 가는 걸 제외하고는 그 방 안에서 하루 종일 지냈어요. 그야말로 성노예 생활을 한 거죠. 그렇다고 그들이 돈을 버는 것도 아니에요. 일을 하면 할수록 빚이 늘어나는 상황에 놓여 있었어요. 이 사건으로 많은 사람들이 성매매 여성들의 실상을 조금이라도 알게 되었습니다. 그리고 성매매가 엄청난 성 착취, 인권의 문제라는 사실도요.

장 | 성매매방지특별법을 제정한 배경이라고 할 수 있겠군요.

이 | 성매매 여성들이 포주들과 얽힌 채무 문제로 착취를 당하고 있다는 사실이 사회적 이슈로 떠오르면서 성매매방지법을 만들 수 있는 계기가 열렸지요. 그렇지 않았다면 성매매방지법은 어림도 없었을 거예요. 국회의원들이 거의 다 남자들이잖아요? 문제의식 자체가 없어요. 성매매방지법이 뭔지, 성폭력특별법이 뭔지 잘 몰라요. 심지어 법이 많다며 그것을 다 싸잡아서 하나로 만들자고 해요. 희생당한 14명의 여성이 없었다면 성매매방지법은 없었을 거예요.

그렇다고 성매매방지법이 완벽한 건 아니에요. 왜냐하면 이 법은 성매매 여성들을 온전히 피해자로 간주하는 데에는 실패했거든요. 법은 우리의 의사를 백 퍼센트 다 반영을 못해요. 원안대로 되는 게 아니라 절충, 타협하게 되죠. 그렇지 않으면 통과가 안 되니까요. 이 여성들을 다 피해자로 간주해야 하고 이들을 범죄자로 여기면 안 된다고 주장했지만, 법안에서는 그렇게 반영되지 못했어요. 그래서 성매매 여성도 처벌받게 되어 있어요. 그나마 다행인 것은 최대한 피해자로 간주하도록 하기 위해 노력했고 가해자에 대한 처벌을 강화하는 방향으로 법을 만들었다는 것이죠. 그래도 부족하나마 법 하나 만들어놓으니까 많은 것이 그 법을 통해 이뤄지고 있어요.

장 | 성매매 문제의 핵심은 성산업 자체라고 생각합니다. 당연히 성산업이 비판의 대상이 되고 도마 위에 올라야 하잖아요. 그런데 오히려 성매매 여성이 도덕적 지탄의 대상이 되는 게 현실이에요. 그렇게 된 데에는 성매매에 대한 잘못된 인식이 크게 자리 잡고 있다고 생각합니다.

이 | 남성들의 논리는 '성매매는 필요악'이라는 거예요. 무슨 말이냐 하면, 남성들은 자기 부인만으로는 성 욕구를 충족할 수 없다는 거죠. 그래서 성매매 여성이 없다면, 일반의 어엿한 여성들이 성폭력을 당하게 된다는 거예요. 그래서 성매매는 필요악이고 공창이 필요하다고 주장해요.

그러면 그 여성이 자신의 엄마이고, 누나나 여동생이고, 딸이어도 되느냐고 물어요. 그러면 당연히 안 된다고 하죠. 자신의 가족은 안 되고, 다른 누군가는 남성들을 위해 희생을 당해도 된다니 정말 말도 안 되는 거죠. 우리나라 성매매 비율은 영국보다 몇 배나 높아요. 우리나라 남성들이 영국 남성보다 성욕이 몇 배나 강하기 때문일까요? 그건 아니에요. 이런 일화가 있어요. 일주일에 한 번씩 성매매 여성을 찾을 정도로 성 집착증이 강한 남자가 사우디아라비아에서 몇 년 산 적이 있었는데 그때는 성매매를 전혀 하지 않았다는 겁니다. 거기에서는 그랬다가는 성기가 거세되는 처벌을 받기 때문이죠.

성매매는 본능이 아닙니다. 본능이 아니라 문화적인 산물이라고 보는 것이 맞습니다. 남성의 성욕이 여성보다 강하다는 것도 문화적 산물이에요. 여성들은 성욕이 적은 것처럼 강요당하며 살아왔고, 남성들은 돈만 있으면 어디에서도 발산할 수 있으니까 차이가 생긴 것이죠. 성매매를 돈을 주고 거래하는 단순한 상업행위로 생각하는 사람들이 많은데, 성매매에 종사하는 여성들이 당하는 인권침해와 정신적인 손상을 생각한다면 성매매는 폭력이요, 심각한 범죄 행위입니다. 아직도 성매매가 범죄인 줄 모르는 사람들이 많아요. 성매매에 대한 올바른 교육이 필요합니다.

장 | 사람들이 흔히 과거에 비해 여권이 신장되었다고 말하지만, 정작 여성들은 그렇게 느끼지 않습니다. 그리고 여권 신장이라는 말 자체도 적절하지 않다고 생각해요. 궁극적으로는 성 평등사회로 가야 하는 것이잖아요. 저는 그러한 사회를 만드는 핵심이 정치라고 생각합니다. 그래서 여성이 정계에 진출하는 것이 대단히 중요하다고 보는데, 어떻게 생각하시나요?

이 | 과거에 비해 여성들의 권리가 신장되고, 여성의 정계 진출도 많아진 것이 사실이지요. 그런데 문제는 남성들이 열 개를 가지고 있다면 이제 겨우 여성들은 한두 개를 가지기 시작한 건데, 남성들은 여성들이 일곱 개를 가진 것마냥 호들갑을 떤다는 거지요. 더 변해야 하는데 다 변한 것처럼 하는 것이 문제죠.

저도 여성의 정계 진출은 매우 중요하다고 생각합니다. 여성들이 정치에 직접 참여할 수 있어야 여성들의 권익을 대변하는 정책이 나오고, 성 평등 문화가 형성되어 남성 중심의 잘못된 시각들이 수정될 수 있다고 봐요.

장 | 여성들이 어느 정도 의회로 진출해야 한다고 보십니까? 그리고 의회에 대거 진출할 수 있는 방법으로는 무엇이 있을까요?

이 | 어느 집단이든 소수이지만 영향력을 가지려면 전체 구성원 중 20퍼센트는 넘게 차지해야 하거든요. 그래서 여성단체들은 국회의원 중 최소한 30퍼센트는 여성이 되어야 남성 중심의 정치를 변화시켜내고, 여성들의 영향력도 확대할 수 있다고 주장해요. 그리고 이런 것을 가능하게 하는 정책이 바로 정당들의 여성할당제라고 생각합니다. 여성할당제는 결코 특혜가 아닙니다. 그렇게 하지 않으면 남성 중심의 정치 풍토에서 여성들이 정계에 진출하기가 무척 힘들어요.

민주노동당은 비례대표의원의 50퍼센트를 여성에게 할당하고, 지역 후보를 추천할 때도 30퍼센트를 여성에게 할당하고 있어요. 다른 당에 비해서 아주 모범적으로 실천하고 있는 것 같아요. 프랑스에서는 모든 선거에서 정당들이 남녀 동수를 추천하는 여성 할당 50퍼센트를 2000년에 법으로 제정했어요. 그 결과 2001년 지방선거에서 시의원 여성 비율이 22퍼센트에서 47.5퍼센트로 늘어났고, 여성 시장도 33명에서 44명으로 늘어났습니다. 우리나라도 이런 방향으로 발전해야 합니다.

장 | 일각에서는 여성할당제가 형식적이다, 할당량을 채우기가 너무

어렵다고 비판하기도 합니다. 여기에 대해서는 어떻게 생각하세요?

이 | 그렇다고 해서 할당제를 없애버리면, 여성의 정치적 진출은 더욱 힘들어집니다. 사람을 찾기가 어렵다는 것 그 자체가 여성들의 억압과 차별을 보여주는 것이라고 생각합니다. 따라서 미리미리 여성 인력을 계발할 수 있는 프로그램과 계획을 세우면 큰 문제가 되지 않을 것입니다. 발전 방향을 모색하지 않고, 사람 찾기 힘드니까 할당제 하지 말자고 한다면 퇴보하게 되는 것이지요.

장애인 문제, 동정과 시혜 넘어야

장 | 다음으로는 장애인 차별에 대해 이야기를 나눠봤으면 합니다. 장애인 차별도 다른 차별과 마찬가지로 잘못된 시각, 차별의식에서부터 시작되었다고 생각합니다. 비장애인 중심의 사회에서 살다 보니, 자신도 모르게 굳어진 차별적 시각이 많다고 생각합니다. 내 속에 있는 차별의식, 편견의 시각부터 들여다보는 것이 필요하지 않을까요?

이 | 맞습니다. 저 또한 장애인 차별의식을 가지고 있다는 사실을 확인할 때가 많아요. 몸이 일그러져 있는 모습을 보면 저도 모르게 아름답지 않다고 생각하지요. 《오체불만족》이라는 책을 보다가 제 안에 잠재돼 있던 차별의식을 인식한 적이 있습니다. 그 책 저자가 어느 날 어떤 가게에서 마음에 드는 옷을 발견했어요. 그리고 얼마 지나지 않아 그 가게가 세일을 한다는 사실을 알게 되었지요. 그래서 새벽같이 달려가

옷을 사 가지고 왔다고 해요. 그 대목을 읽다 저도 모르게 속으로 '그 옷을 입어봤자 그게 그걸 텐데…'라고 중얼거렸던 거예요. 저자는 팔다리가 없거든요. 많이 달라졌다고 생각했는데 저 역시 이렇습니다.

장 | 대개 비장애인이 그럴 거라고 생각해요. 그래서 그러한 장애인에 대한 뿌리 깊은 편견 혹은 차별의식이 사회제도적 문제로 많이 드러난다고 생각합니다. 특히 장애인들을 사회에서 분리, 배제하는 식으로 나타난다고 생각하는데, 대표적인 것이 장애인 이동권 문제가 아닐까 싶어요. 장애인 이동권 문제를 보면, 비장애인들이 장애인들을 어느 정도로 인식하고 있는지 잘 알 수 있습니다.

이 | 여성단체에서 활동할 때였어요. 수련회가 있어서 제가 전주에서 장애인단체 대표님을 모시고 대전까지 가야 했어요. 그 대표님은 성폭력 때문에 후천적으로 장애가 생긴 분이에요. 하반신이 마비돼서 휠체어를 타고 다니셨지요. 기차역에 도착했는데 기차가 막 떠나려고 했어요. 그런데 이동하기가 쉽지 않더군요. 휠체어를 탄 여성이 계단을 이동하려면 휠체어를 들거나 여성을 안아서 옮길 수 있는 힘센 사람이 필요한 거예요. 정말 당황스럽더군요. 결국 아무 남자나 붙잡고 도와달라고 할 수밖에 없었어요.

그 상황에서 당사자는 어땠을까요? 모르는 남자에게 안길 수밖에 없고 사람들은 자신을 힐끔힐끔 쳐다보고…. 기차에 올라서도 휠체어를 둘 공간이 없어서 누군가의 도움으로 안겨서 의자에 옮겨졌어요. 이런 일은 수련장에 도착할 때까지 계속되었습니다. 비장애인이 대전에 가는 것은 큰 일이 아니지만, 장애인에게는 전쟁을 치르는 것과 다를 바

없었어요. 그때 장애인은 전쟁을 각오하고 거리로 나선다는 사실을 처음 알았지요.

최근에는 장애인 시설이 많이 나아졌어요. 하지만 저는 아직도 멀었다고 생각해요. 화장실 문 하나만 봐도 그래요. 문을 밖으로 열도록 해야 하는지, 안으로 열도록 해야 하는지 고민해봐야 해요. 휠체어 탄 장애인들은 안으로 열면 들어갈 수가 없어요. 휠체어가 못 들어가니까요. 그래서 장애인들을 생각하면 문이 밖으로 열리도록 만들어야 해요. 이렇게 세세한 것까지 고민해야 하는데, 아직은 그런 고민이 턱없이 부족하죠.

장 | 편견과 선입견뿐만 아니라 동정과 시혜 또한 또 다른 형태의 차별의식이라고 생각합니다. 그것은 장애인을 동등한 인간으로 대하는 관점에서 출발했다고는 보기 어렵기 때문이지요.

이 | 저 역시 동의합니다. 예전에 알던 어떤 장애인이 말하길 살면서 가장 힘들 때가 '불쌍한 놈'이라는 소리를 들을 때라고 하더군요. 장애인들은 편견과 선입견도 싫지만, 누구에게 도움과 동정을 받고 시혜받는 것 또한 원치 않아요. 그렇게 산다는 건 힘든 일입니다. 항상 누군가에게 아쉬운 소리를 해야 하고, 고마움을 표현해야 합니다. 그리고 요구하는 것 자체가 떳떳하지 못하니, 늘 부채의식을 가질 수밖에 없습니다. 동정과 시혜적인 시각의 한계라고 볼 수 있지요.

장 | 결국 중요한 것은 장애인을 동등한 인간으로 대하는 것이라고 생각합니다. 그럴 때에야 장애인들의 요구를 그들의 권리로 인식하게 되

지 않을까 싶습니다.

이 | 이미 다른 나라들에서는 장애인의 권리를 실현해나가고 있습니다. 그러다 보니 장애인들에 대한 사회적 혜택도 커지고, 장애인들도 당당하게 살아갑니다.

아는 목사님 중 한 분이 독일로 이민을 갔어요. 이민 가면서 가장 큰 걱정이 큰아들이었어요. 큰아들이 청각장애인이었거든요. 한국말도 겨우 익혔는데, 독일에 가서 독일어를 어떻게 배울 수 있을까 걱정한 거죠. 그런데 오히려 장애인 혜택이 잘되어 있어서 비장애인인 둘째애보다 더 적응을 잘했다고 합니다. 그리고 큰아들이 받은 지원금이 어려운 살림에 큰 도움도 되었다고 고백하더군요.

장 | 동정과 시혜적인 시각은 장애인뿐만 아니라 장애인 가족에게도 어려움을 주는 것 같습니다. 장애인 부모들의 무조건적 희생을 요구하지요. 그 역시 올바른 시각은 아니라고 봅니다.

이 | 아는 사람 중에 자폐아 자녀를 둔 어머니가 있어요. 보통 장애인 어머니는 과도하게 신경을 쓰잖아요. 그런데 그 어머니는 그렇지 않아요. 언젠가 장애인 부모로서 마음이 아프지 않느냐고 물은 적이 있어요. 그러자 그분이 반문하더군요. 세상에 장애인은 많다, 꼭 내 자식이 장애인이 되지 말란 법은 없다, 내 자식은 많은 장애인 중 한 명일 뿐이라고요. 다시, 그래도 장애인 자녀 키우기 어렵지 않느냐고 물었더니, 비장애인 자녀 키우기가 더 어렵다고 하더군요. 장애인 자녀 양육이 비장애인보다 더 힘들 거라는 편견과 고정관념을 확 깨뜨려준 말이

었어요.

　보통 장애인 부모들은 아이들을 집에 가두어서 키우려고 해요. 그런데 그 어머니는 자식이 자신을 보호할 능력이 있기 때문에 걱정하지 않는다며 자유롭게 다니게 둬요. 저는 이런 가족들의 태도가 중요하다고 봐요. 믿음과 신뢰를 바탕으로 아이의 특성을 인정하는 것, 과도한 기대를 버리는 것, 그런 것이 필요하다고 생각합니다.

　〈말아톤〉이라는 영화 있죠? 이 영화 때문에 장애인 부모들이 더 많은 피해의식을 갖게 되지 않을까 싶더군요. 영화에 나오는 엄마는 노력해서 애를 마라토너로 키우는데, 난 자식에게 제대로 부모 역할을 못하는 것 아닌가 등등의 피해의식 말입니다. 그런데 예를 들어 아이를 마라토너로 키우지 못한 것이 엄마의 잘못은 아니에요. 그렇게 되는 아이들은 극소수에 불과하거든요.

　장애인이 자기를 극복하는 초인간이 되길 바라고, 그렇지 않은 장애인은 나약한 것처럼 만드는 건 옳지 않아요. 장애는 극복해야 할 것이 아니라, 특성으로 인정해야 하는 거지요. 그리고 영화에서 보면 모든 가족이 장애인 아들로 인해 희생당하는 것처럼 묘사되는데 그것도 문제가 있어 보입니다. 결국 중요한 것은 장애를 하나의 특성으로 바라보고, 믿음과 신뢰로 관계를 형성해나가는 것이라고 생각해요.

장 | 장애인들을 동등한 인격체로 대하고 있는 그대로 받아들이는 것, 그것을 바탕으로 장애인의 시선에서 세상을 보는 것, 그것이 장애인 차별 문제를 해결하는 출발점이라고 할 수 있겠네요.

이 | 그렇습니다. 그것이 바로 장애인차별금지법의 기본 정신입니다.

장애인이라도 비장애인처럼 어떠한 차별도 받지 않고 스스로 살 수 있도록 모든 차별을 없애는 것이지요. 앞서 말한 것처럼 장애인들은 편견과 선입견도 싫어하지만, 누구에게 도움받고 동정받고 시혜받는 것 또한 원치 않아요. 따라서 장애인이지만 비장애인과 마찬가지로 사람다운 권리를 누리며, 그 속에서 물리적·심리적·사회적 장애를 극복하도록 하자는 것이 장애인차별금지법의 궁극적인 목적이에요.

장 | 장애인 차별 문제를 해결하기 위한 방안에 대해 이야기해봤으면 합니다. 저는 장애인에 대한 차별적 시선을 바꾸는 좋은 방법이 장애인과 비장애인이 더불어 살 수 있도록 하는 거라고 생각합니다. 일본을 방문한 적이 있는데, 일본에서는 아주 어려서부터 장애인과 비장애인이 어울려서 교육을 받더군요. 그래서인지 차별적 시선을 찾아볼 수 없었어요. 그리고 장애인 직업교육도 잘되어 있고, 자립시설도 잘되어 있었습니다. 장애인 차별 문제를 해결할 수 있는 방안에는 무엇이 있을까요?

이 | 저도 그렇게 생각합니다. 장애인과 비장애인이 어울려 살 수 있도록 해야 하죠. 통합보육과 통합교육은 그러한 시도의 일환이에요. 일본뿐만 아니라 우리나라 어린이집에서도 통합보육을 해요. 그런데 아직 쉽지가 않네요. 부모들의 차별적 시각 때문입니다. 비장애인 부모들이 우리 아이를 왜 저런 아이들과 섞어서 교육시키느냐면서 반발하는 경우가 많다고 해요. 이렇게 보면 아이들뿐만 아니라 부모들에게도 인권교육을 해야 합니다. 현실적 반발이야 있을 수 있겠지만, 노력하다 보면 아이들과 부모들의 차별적 시각을 보정할 수 있지 않을까 싶군요.

순수 혈통에 대한 집착

장 | 우리나라 사람들은 지나치게 일류를 지향하고 보편만을 추구하는 것 같아요. 그래서 다른 걸 다르게 인정하는 걸 잘 못하지요. 이것은 이주민 문제에서도 그대로 드러납니다. 자연스럽게 이주민 문제로 이야기를 이어보겠습니다.

우리나라는 '순수 혈통'에 대단히 집착합니다. 엄밀히 따지면 지금도 한 핏줄이라고만은 할 수 없는데 말입니다. 이러한 순혈주의의 풍토가 인종차별을 당연한 것으로 여기게 합니다. 이런 점에서 2009년에 있었던 인도인 보노짓 후세인 교수 사건*은 시사하는 바가 큽니다. 우리

속에서 인종차별 의식이 어떻게 드러나고 있을까요?

이 | 제 경험을 이야기하면, 1994년에 목회자들 교육에 참가하려고 스리랑카에 갔어요. 그때 이미 우리나라는 아시아에서 잘사는 나라로 통했어요. 난 잘살지도 못하는데, 한국에서 온 것 자체가 이미 잘사는 사람인 거지요. 왜냐하면 당시 인도 교수 월급이 10만 원으로 우리와 차이가 엄청났거든요. 그러다 보니 다른 나라 사람들이 저를 바라보는 시선이 달랐고, 그런 분위기 탓인지 저도 은근히 우월감에 젖고…. 당시 한국 목회자들이 아시아 국가에서 선교 활동을 활발하게 했습니다. 큰 교회들이 앞 다투어 선교에 열을 올렸기 때문에 선교사들은 후원금을 많이 받았고, 이것이 아시아 선교에서 한국 기독교의 위상을 높이는 동력이 되었지요.

문득 구한말 미국 선교사들이 연상되더군요. 의료·교육사업을 펼

쳤지만 그것이 위에서 아래를 내려다보는 시혜 차원의 선교 방법의 일환이었다고 생각하는데, 지금 한국 교회가 아시아에서 그런 선교를 하고 있는 것이 아닌가 싶더군요.

미국이 인종차별 한다고 하는데, 어떻게 보면 인종차별이라기보다 경제력 차별인 것 같아요. 일본 사람들한테는 대우가 다르잖아요. 우리나라 사람도 국가 경제력에 따라 인종차별을 하는 것 같아요. 우리보다 강대국 국민에게는 지나치게 호의를 베풀면서 경제력이 약한 나라 사람들은 무시하거나 동정 아니면 시혜에 가까운 태도로 대하거든요. 스리랑카에서 내 안에 이런 차별의식이 있다는 사실을 알고는 무척 놀랐지요.

장 | 동감합니다. 인종차별은 피부색에 기초한 특정 인종에 대한 열등감 혹은 우월감 그리고 민족의 경제적 능력에서 생겼다고 봅니다. 그밖에 다른 원인은 무엇일까요?

이 | 우리나라는 해방 이후 미군정을 거쳐 지금에 이르기까지 정치, 경제, 군사, 문화적인 면에서 미국의 영향을 강하게 받고 있습니다. 그러다 보니 미국 문화를 맹목적으로 동경하고 그만큼 우리 문화는 열등하게 여기기 시작했습니다. 이것은 백색 피부를 가진 서양인에 대한 동경의식과, 황색과 흑색 피부에 대한 열등의식을 낳았으며 이것이 인종차별 의식을 더 심화시켰습니다.

신학도 그래요. 대부분 신학교에서는 아시아신학에 대해 거의 배우지 않고, 미국신학과 독일신학만 주로 공부합니다. 그러다 보니 아시아인에 대한 정체성이 없고 은근히 아시아신학을 저급하게 여겨 무시하기까지 합니다. 그러나 스리랑카에서 경험한 것을 통해 저는 아시아신학이 훨씬 진보적이고, 우리 현실과 밀접하며 문화적인 코드도 맞다는 사실을 알았어요. 아시아인이면서 아시아인이 아니라 서양인으로 살려고 했던 우리의 실체가 드러나면서 부끄러워졌지요.

인도를 여행하면서 많은 서양인이 일종의 수도원과 같은 아쉬람에 모여드는 것을 봤습니다. 이들은 서양 기독교와 다른 새로운 영성을 동양에서 찾아보려고 동양 문화와 종교에 기웃거리고 있는 겁니다. 그런데 정작 아시아인인 한국인은 우리의 고유한 정체성을 무시하고 서양 문화, 종교만을 좇고 있습니다. 그러나 우리 문화의 독자성과 특수성을 소중히 여기지 못한다면 다른 나라의 다양성도 받아들이거나 존중할 수 없으며, 또한 인종차별 의식도 극복할 수 없다고 봅니다.

장 | 신자유주의 세계화로 인구 이동이 본격화되면서 우리 사회에도 이주노동자들이 많습니다. 코리아드림을 꿈꾸며 많은 이주노동자가 한국에 왔습니다. 하지만 최저임금에도 못 미치는 월급, 사업장 이동 불가 등의 법으로 인해 이주노동자들은 임금 체불, 사업주의 전횡에 시달리고 있습니다. 그것을 못 견디면 불법체류자가 될 수밖에 없고요. 이주노동자 문제가 발생하는 요인은 무엇이고 해법은 또 무엇일까요?

이 | 정부가 오는 11월 11, 12일 열리는 G20*을 앞두고 곳곳에서 미등

★ 선진 7국 정상회담(G7)과 유럽연합(EU) 의장국 그리고 신흥시장 12국 등 세계 주요 20국을 회원으로 하는 국제기구. G는 Group의 머리글자이고, 뒤의 숫자는 참가국 수를 가리킨다.

록이주노동자 단속을 강화하면서 인권침해와 과잉 단속 논란이 일고 있습니다. 미등록이주노동자들 중에는 수년 동안 길게는 15년이 넘도록 열악한 노동환경에서 묵묵히 일해서 한국 경제 발전에 이바지한 사

람들이 많습니다. 그런데 비자가 없다는 이유로 불법이란 딱지가 붙으면서 인간으로서 존엄성이 짓밟힌 채 살아갑니다. 아파도 병원에 갈 수 없고, 식료품을 사러 시장에 가기도 어렵고, 사는 곳이 알려질까 봐 자녀를 학교에 보내지도 못하고, 월급을 떼이고 손가락이 잘려나가도 노동부를 찾아갈 수 없고, 범죄 피해를 당해도 경찰서를 찾을 수 없습니다. 비자가 있든 없든 그전에 그들은 인간이기 때문에 인간으로서 대우를 받을 자격이 있습니다.

이주노동자 문제를 해결하려면 무엇보다 먼저 3~5년 주기인 고용허가제를 바꾸어야 합니다. 이 기간은 이주노동자들이 숙련 기능을 가진 노동자로 성장하기에 부족하고, 한국에 오려고 들인 비용을 벌기에도 짧은 시간입니다. 고용허가제는 이주노동자를 불법체류자로 만들 수밖에 없는 구조적인 모순을 안고 있으며 미등록이주노동자들에게 비인간적인 삶을 강요하는 결과로 이어집니다. 외국인 이주정책에 대한 근본적인 변화가 있어야 한다고 봅니다.

한 문화만 있는 다문화정책

장 | 이제 우리 사회도 외국인들과 일상적으로 접하는 다문화사회로 접어들었습니다. 농촌 총각의 국제결혼이 이제 더는 낯설지 않습니다. 그런데도 여전히 인종차별은 사라지지 않아 다문화사회로 가는 길에 걸림돌이 되고 있습니다. 인종차별로 인해 어떤 문제들이 생기고 있나요?

이 | 농촌에 가면 결혼중매브로커가 걸어놓은 '시어머니 잘 모시고 애

잘 낳는 베트남 여성을 소개합니다'라는 문구가 적힌 현수막을 흔히 볼수 있어요. 정말 이 여성들은 돈 받고 팔려오는 것이나 다름없잖아요. 한국 남편과 나이 차이도 많고 때로는 가정폭력에 시달리기도 합니다. 언어와 문화 차이로 인해 많은 어려움을 겪으며 시어머니를 비롯한 다양한 가족관계에도 적응하기가 무척 힙듭니다. 물론 이주여성들을 위한 프로그램들이 진행되고 있어요. 그런데 그 프로그램을 보면 대부분 이주여성들의 정체성을 인정하기보다 이들을 하루라도 빨리 우리 문화에 동화시키려는 내용으로 채워져 있습니다. 한국적으로 탈색시켜 그냥 애 잘 낳고 시어머니 잘 모시고 남편 잘 섬기는 그런 사람으로 순화시켜나갑니다. 우리는 이주여성들의 문화와 특성을 인정하고 존중하며 더 나아가 공존을 위한 모색까지도 해야 한다고 생각합니다.

앞으로는 혼혈인들이 세계를 이끌어갈 거라고 말하는 사람들이 있습니다. 미국 대통령 오바마도 혼혈인입니다. 혼혈인은 선천적으로 두개의 문화와 다양한 사고를 수용하는 폭이 순수 혈통보다 더욱 크기 때문에 다양성을 존중하는 21세기 사회에 훨씬 유리하다는 것입니다. 이제 이주여성과 결혼해서 생긴 긍정적인 의미들이 더욱 부각되어 이 여성들이 우리 사회에서 열등한 존재가 아닌 평등한 존재로 받아들여지는 구조와 문화가 형성되어야 할 것입니다.

혼혈인 자녀들도 자기 어머니 나라의 문화와 언어를 배우게 하고, 이것을 또래 친구들과 공유할 수 있도록 해야 합니다. 그러면 아이들은 어려서부터 다양한 문화를 이해하고 존중하는 법을 알게 됩니다. 혼혈인 자녀들은 열등감을 극복하고 자부심을 가지고 당당하게 살아갈 수있을 테고요. 혼혈인 자녀들이 차별받지 않고 살아갈 수 있는 다양한 배려와 제도가 마련되어야 할 것입니다.

장 | 지금까지 다양한 차별에 대해서 이야기해봤습니다. 마지막으로 한마디 더 부탁드립니다.

이 | 차별을 없애려면 무엇보다 우리 의식을 바꾸어야 합니다. 즉 차별의식을 넘어 한몸의식으로 나아가야 합니다. 몸으로 비유한다면 저는 몸의 특성을 세 가지로 보고 싶습니다. 그것은 다양성과 공동체성과 약자중심성입니다. 몸은 다양한 지체들로 되어 있습니다. 몸이 만일 입으로만 되어 있다면, 손으로만 되어 있다면 생명을 유지할 수 없습니다. 다양한 기능을 가진 지체들이 있기 때문에 생명을 유지하고 살아갈 수 있는 것입니다.

그러나 이 다양성은 몸이라는 생명을 유지하는 방향으로 활동하면서 하나의 공동체성을 이룹니다. 이러한 공동체성이 없다면 몸의 지체가 자기 마음대로 움직이는 지체부자유자가 될 것입니다. 밥을 먹으려고 하는데 손이 수저를 들어주지 않고 위가 소화를 시켜주지 않고 제멋대로 움직인다면 밥을 먹을 수 없을 것이며 생명은 유지되기 어렵습니다. 그러므로 다양성은 공동체성을 위한 다양성이 되어야 합니다.

마지막으로 몸은 약자를 중심으로 할 때 생명을 유지할 수 있습니다. 만일 위암에 걸렸다면 몸의 모든 부분은 자신이 지금까지 했던 활동들을 멈추고 이 암을 고치는 일에 집중할 것입니다. 암을 방치하면 위뿐만 아니라 몸 전체가 죽기 때문입니다. 그러므로 몸의 가장 약하고 아픈 부분을 중심에 놓고 이것을 치유하고 회복하는 것에 집중하지 않으면 안 됩니다. 저는 이것을 우리 사회에 적용하고 싶습니다.

우리 사회에도 다양한 사람이 존재합니다. 인종, 피부색, 신체적 특징, 성적지향성, 직업, 취향, 국적, 성격 등등이 사람마다 다릅니다. 인류가 존재한 이래 얼굴이 똑같은 사람이 하나도 없을 정도로 인간은 다양합니다. 다양성이 존중을 받고 사람마다 각자의 특성을 살리면서 열심히 그것을 발현한다면 인류사회는 더 풍성하고 아름다워질 것입니다.

그런데 자본주의 사회는 이 다양성을 인정하지 않습니다. 자본주의는 가진 자의 부와 권력의 재생산을 위해 존재하지, 인류 전체의 행복과 평화를 지향하고 있지 않기 때문입니다. 그러므로 인간의 다양성은 물질과 힘이라는 획일적인 잣대로 측정됩니다. 이 기준에 부합되면 인정받고, 그렇지 않으면 멸시와 천대를 받도록 강요당하는 것입니다.

이제 '차이'는 생명과 평화가 넘쳐나는 아름다운 세계를 향한 다양성이 아니라 차별을 위한 근거로 이용당하고 있습니다. 모든 사회의 법, 제도, 문화가 약자를 중심에 놓고 형성되어야 하는데, 오히려 강자들을 보호하고 그들의 힘을 강화시키는 방향으로 나아가고 있습니다. 이것은 인류를 모두 파멸로 이끄는 길입니다.

이제 우리 사회는 약자들을 중심으로 재편되지 않으면 안 됩니다. 차이를 차별이 아닌 차이로 인정하고 존중하면서 이 차이가 인류 평화를 위해 활용되도록 격려해야 합니다. 약자를 중심에 놓고 모든 제도, 법, 문화를 형성해야 합니다. 그러면 차별을 넘어서서 사랑, 자유, 평등과 평화의 세상으로 나아갈 수 있을 것입니다.

그러나 이런 세상을 이루어나가는 주체는 약자들입니다. 강자들은 자신의 기득권을 내놓으려고 하지 않기 때문에 온갖 수단과 방법을 동원해 자본주의 체제를 유지하려고 할 것입니다. 약자들이 힘과 지혜를 모아야 합니다. 그래서 강자들이 인류와 만물이 다양한 특성을 가지고 평화롭게 어우러져 사는 세상을 지향하도록 만들어야 합니다. 그렇지 않으면 우리 사회에서 차별은 사라지지 않을 것입니다.

한 발자국, 손가락 하나의 움직임도 차별 없는 세상을 향해 나아가야 합니다. 비록 요원한 꿈이더라도 말입니다.

미군정이 들어서지 않았더라면,
미국이 모스크바 3상회의 결과를 왜곡하지 않았더라면,
친일파를 비호하지 않았더라면, 전쟁에 개입하지
않았더라면 과연 한반도가 분단이 되었을까요?

미국 없어도 잘 살 수 있다

강정구 전 동국대 교수

■ 인터뷰어_ 장진숙　■ 날짜_ 2010년 2월 23일　■ 장소_ 강정구 교수 자택

서울대 사회학과를 졸업하고 위스콘신-메디슨 대학교에서 사회학으로 석사와 박사 학위를 받았다. 2010년 1학기 강의를 끝으로 동국대 사회학과 교수에서 정년퇴임했다. 현재 평화통일연구소 소장이며 평화와통일을여는사람들 공동대표로 활동하고 있다.

저서로 《분단과 전쟁의 한국현대사》 《시련과 발돋움의 남북현대사》 《민족의 생명권과 통일》 《전환기 한미관계의 새판짜기》 《국가보안법의 야만성과 반학문성》 《허물어진 냉전성역 드러난 진실》 등이 있다.

강 | '미국은 우리에게 무엇인가?'라는 주제로 본격적으로 이야기하기 전에 대학생들에게 당부하고 싶은 말이 있어요. 이 주제가 '비판적 인식'을 요구하는 것이라 그렇습니다. 대학생이 된다는 건 어떤 의미일까요? 개인적으로나 사회적으로 여러 의미를 부여할 수 있겠지만 '인식과 태도'의 변화라는 측면에서도 의미를 부여해볼 수 있을 것 같습니다. 사실 고등학교 때까지는 소위 공부를 '해주는' 것이잖아요. 자기가 주체적으로 끌고 나가는 적극적인 공부가 아니라 그저 선생이 또 부모님이 목표를 정해주고 이런 식으로 해라 저런 식으로 해라 하는 대로 하게 되는 수동적인 공부잖아요. 그러니까 공부를 해주는 것이고 또 삶을 자신이 끌고 나가기보다 '살아주는' 것이기도 한 거죠.

하지만 대학생이 된다는 것은 공부를 해주는 것과 살아주는 삶에서 벗어나는 것이라고 봐요. 대학까지 와서 '살아주는 삶'을 살면 안 되겠지요. 대학생이 된다는 것은 주체적으로 자기의 삶을 본격적으로 출발시키는 것이라고 생각해요. 삶에 대한 주체적 태도 그 출발이 대학이라는 인식을 가져야 한다는 것이죠. 또 다른 측면에서 보면 대학생이 된다는 것은 지식인으로 입문하려는 문턱에 서 있는 것이기도 해요. 지식인은 언제나 비판적인 인식을 가져야 해요. 모순이 없는 사회는 없어요. 마르크스가 이야기했던 공산사회나, 불교에서 말하는 극락세계나, 기독교에서 말하는 천국과 같은 이상사회가 아니고서는 어디든지 지배와 피지배가 있고 억압과 착취가 존재하죠. 이건 동서고금을 막론한 보편적인 현상일 거예요. 따라서 비판적 인식은 모두에게 필요하죠. 특히 지식인에게는 이것이 아주 중요합니다. 지식인은 기존에 당연하게 생각했던 모든 것에 의문을 품고 새로운 해석과 분석으로 참과 진실에 접근하는 사람입니다. 지식인 대열에 서려는 대학생들은 이런 점에서 '비판적 인식'을 하기 위해 노력해야 합니다. 지금까지 듣고 강요되어왔던 인식에서 180도 벗어나는 코페르니쿠스적 발상의 전환이 필요해요.

장 | 우리 사회에서는 그동안 미국문제, 북한문제, 군사안보문제 등에 대해서는 비판적 인식이 상당히 결여된 채 인식을 강요당해온 게 사실입니다. 그래서 비판적 인식의 중요성을 강조해주신 것 같기도 한데요, 그럼 이제 우리에게 미국이 무엇인지 기존의 인식에 매이지 말고 구체적으로 살펴보고 판단해보았으면 합니다. 먼저 미국의 한반도 개입 과정을 살펴보았으면 하는데요, 분단과 전쟁 과정에서 미국의 역할에 대해 말씀해주세요.

분단과 전쟁의 기원, 미국

강 | 저는 이 문제를 제대로 보기 위해 역사가정법이라는 방법으로 분

석해보려고 해요. 역사가정법은 사회나 역사 현상을 이해하고 분석하는 데 유효한 분석 방법 중 하나예요. 우리가 흔히 역사에서 가정은 쓸데 없는 일이라고들 하는데, 그건 굉장히 잘못된 것입니다. 물론 황당무계한 가정은 안 되겠지요. 클레오파트라 코가 1센티만 낮았더라면 로마가 어떻게 되었을 것이고 하는 식으로 말이지요. 우연적 요소에 의미를 부여하는 식의 가정은 옳지 않겠지만, 역사 현상의 결정적 요인을 포착함으로써 그 실체를 파악하는 역사가정법은 매우 유용하다고 봅니다.

장 | 해방공간에서 만일 외세의 개입이 없었다면 어땠을까 이런 가정을 해보아야 한다는 말씀이신가요?

강 | 그렇습니다. 분단과 전쟁에 관해서 역사가정법을 적용시킨다면, 해방 직후 만약 미국이 남의 나라인 조선의 역사와 내정에 간섭하지 않았다면 조선이 분단되고 전쟁이 일어났을까 하는 질문을 해보아야 합니다. 역사를 조금만 아는 사람이라면 누구든 분단도, 전쟁도 일어나지 않았을 거라고 답할 것입니다. 이는 분단과 전쟁에서 미국이 절대적인 영향을 끼쳤다는 것, 다른 말로 하면 미국이 분단과 전쟁의 주된 인과요인이란 것을 암시합니다. 뒤에서 구체적으로 이야기하겠지만 실제 분단과 전쟁의 주도자는 미국입니다.

우리 민족 스스로 분단을 자초했다고 믿는 사람은 없어요. 하지만 분단과 전쟁의 책임문제에 구체적으로 들어가서는 양비론적 인식이 많다고 봐요. 분단의 책임은 외세에 있고 외세는 미국과 소련이니까 미국과 소련 모두 책임이 있다는 식으로 간단히 결론을 짓는 거죠. 그러나 이렇게 간단히 결론지을 문제가 아니에요. 산술평균론 또는 양시양비론적인 분석이 객관적이고 좋은 해석인 걸로 착각하는 분들이 많아요. 서로 대립되는 두 주장의 중간 지점이 가장 객관적이고 치우치지 않은 좋은 해석이고 평가이고 또 해결 방법이라는 거죠. 하지만 이건 한마디로 '거짓 신화'예요. 이런 식으로는 무결론이나 혼란스러운 결론만을 얻을 수밖에 없죠.

장 | 교수님께서는 우리의 분단과 전쟁의 실제 주도자가 미국이라고 말씀하셨는데, 이는 분단 책임을 외세에 돌리고 외세인 미국과 소련의 책임을 동일한 것으로 결론지어서는 안 된다는 의미로 이해됩니다. 또한 역사 현상에 대한 잘못된 분석 방법은 역사의 진실을 호도, 왜곡할 수도 있다는 말씀이신 것 같습니다.

강 | 그렇습니다. 분단과 전쟁에서 미국과 소련의 책임은 동일한 것이 아닙니다. 저는 분단에 관한 한 미국의 책임이 거의 80~90퍼센트이고, 소련은 10~20퍼센트이고, 남쪽의 친일민족반역자가 미국의 앞잡이가 되어 4~5퍼센트 역할을 했다고 봅니다. 그런데 외세인 미국과 소련이 다 똑같이 책임이 있다고 말해버리면 산술적으로는 미국이 50퍼센트, 소련이 50퍼센트 책임이 있게 되는 거죠. 하지만 역사적 진실은 그렇지가 않아요. 그렇기 때문에 미국이나 소련이나 똑같은 놈으로 분단에 똑같은 책임이 있다고 한다면, 미국에게는 30~40퍼센트 면죄부를 주고, 소련에게는 30~40퍼센트의 덤터기를 씌우는 오류를 범하는 겁니다. 결국 이쪽도 저쪽도 다 잘못했다고 얘기함으로써 역사의 진실을 회피하려는 데까지 갈 수 있어요. 그래서 특히 우리 분단과 전쟁에 관해서는 이런 양비론을 굉장히 경계해야 한다고 봐요.

장 | 미국에 80~90퍼센트 정도의 책임이 있고 소련에 10~20퍼센트 책임이 있다고 하셨는데, 그 이야기를 자세히 하기 전에 먼저 미국과 소련의 점령정책을 짚어보죠. 두 나라의 점령정책은 크게 달랐잖아요.

강 | 그럼 두 나라의 점령정책을 먼저 짚어보죠. 첫째, 해방된 남한에는 미국의 군사정부가 수립되었지만 북한에서는 소련의 군사정부가 수립되지 않았습니다. 미군정은 1945년 9월부터 48년 8월 15일까지 남한의 모든 것을 좌지우지했습니다. 행정, 경제, 교육 등 모든 영역에서 하나에서부터 열까지 미국이 직접 다 끌고 나갔어요. 북쪽에서는 그렇지 않았습니다. 소련군은 있었지만 북한에는 북조선임시인민위원회, 즉 조선 사람들의 자치정부가 구성되었습니다. 임시인민위원회가 경제, 교육, 행정, 안보 등 조선의 모든 문제를 직접 이끌었고 1년 후에는 선거를 통해 정식 인민위원회가 구성되었습니다. 완전한 독립은 아니지만 조선 사람들의 자치정부가 실질적으로 세워진 것이죠. 인민위원회는 토지개혁, 친일민족반역자 숙청, 국유화와 같은 민족의 지향과 염원을 반영한 정책들을 펼칠 수가 있었습니다. 해방공간에서 미국과 소련의 개입 정도와 역할은 이렇게나 크게 달랐어요.

둘째, 두 나라는 점령 기간과 철군 과정에서도 크게 달랐습니다. 소련군은 1948년 12월에 전부 철군을 했습니다. 그리고 그 뒤로 북한에 진주한 적이 없습니다. 하지만 남한의 사정은 완전히 달랐습니다. 미군은 남한에서 49년 6월에 철군을 하기는 합니다만 전부 간 것이 아니라 5백 명 정도의 군사고문관을 남겨놓습니다. 그러고는 다음 해 50년 7월 1일 다시 들어왔습니다.

1948년 1월 유엔 조선임시위원단이 구성되어 남한 단독정부 수립

절차에 들어갔습니다. 남한 단독정부 수립은 분단을 의미하는 것이었죠. 해방된 조선이 분단으로 나아간다는 건 좌우를 막론하고 누구나 받아들일 수 없는 일이었습니다. 그래서 분단을 막기 위해 남북제정당사회단체연석회의가 개최됩니다. 김구, 김규식 선생도 참가합니다. 남북 정당, 사회단체 지도자들이 분단을 막고 통일을 위해 다섯 가지 사항을 결정하죠. 첫 번째가 외국군 철수이고, 두 번째가 외국군 철수 이후의 내전 금지였어요. 남북 지도자들은 소련군과 미군 측에 철군을 바라는 민족의 결정 사항을 전달합니다. 거기서 소련은 철군을 하되, 미군과 함께 철군하겠다는 조건을 제시했어요. 그런데 미국은 철군을 받아들이지 않았습니다. 유엔이 주도하는 5·10선거가 끝나야 나가지 이대로는 못 나간다는 것입니다. 결국 미국의 각본대로 5·10선거는 진행이 되었지요. 8월 15일 남한에 단독정부가 세워진 직후 북한에서도 9월 9일 조선민주주의인민공화국이 수립되었습니다.

모두 아는 바와 같이 50년 7월 이후부터 지금까지 주한미군은 이 땅에 그대로 남아 있습니다. 이 지구촌 180여 국가 중에서 자기 나라 군대의 작전권을 남의 나라에 빼앗긴 채 스스로 행사하지 못하는 나라가 도대체 대한민국 말고 또 어디 있나요? 이라크밖에 없어요. 그런데 이라크가 주권국가인가요? 미국의 괴뢰정부 아닙니까? 결국 180여 개 주권국가 중에서 작전권을 외국에게 넘겨준 채 60년 넘게 살아온 나라는 대한민국밖에 없는 겁니다. 우리가 실제로 작전권을 누려본 적은 베트남전쟁 때 단 한 번밖에 없습니다. 이게 남한 현실이에요. 미국은 6·25전쟁 때 전쟁의 주 당사자인 남한은 제쳐버리고 자기가 주인 행세를 했어요. 소련은 직접적으로 참여를 안 했잖아요. 이런 엄청난 차이가 있는데도 '미국이나 소련이나 다 똑같다'고 말하면 안 되죠.

장 | 미국과 소련의 역할이 그렇게 크게 달랐군요. 미국과 소련에 똑같이 책임이 있다고 말하면 소련이 억울하겠어요. 그럼 이제 분단 과정에서 미국의 역할에 대해 구체적으로 살펴봤으면 합니다.

마음대로 삼팔선을 그어버린 미국

강 | 분단에 대해 구체적으로 이해하려면 지리적 분단, 이념적 분단, 사회경제적 분단, 정치적 분단, 민족적 분단 이렇게 다섯 가지 단계로 나눠볼 필요가 있어요.

먼저 지리적 분단부터 이야기해보도록 하죠. 우리 강토가 삼팔선을 경계로 나뉜 사실은 누구나 다 알고 있는 것이죠. 그런데 이 삼팔선을 그은 것은 우리가 아니라 미국입니다. 소련, 연합국, 조선 사람 그 누구와도 사전 협의나 동의 없이 미국 혼자서 결정하고 통보한 것입니다. 45년 8월 11일 일본이 무조건 항복 선언을 앞두고 있을 때 국무·전쟁·해군3부조정위원회의 존 머클로이는 딘 러스크와 찰스 본스틸이라는 두 젊은 장교에게 한국을 분할할 지점을 찾으라고 지시했어요. 두 장교는 30여 분간 지도를 보며 고민하다가 삼팔선을 선택해요. 삼팔선을 자르면 수도는 물론이거니와 인천, 부산, 제주 군사기지까지 들어오죠. 미국은 조선만 자른 게 아니었어요. 베트남도 잘랐죠. 베트남 사람 누구하고 의논 한마디 없이 잘라버렸어요. 그렇게 순식간에 결정하고선 한반도 남쪽은 미군이 점령하고 북쪽은 소련군이 점령하고, 베트남 남쪽은 영국군이 점령하고 북쪽은 중국군이 점령한다는 안을 8월 11일에 결정짓고 8월 15일에 통보했어요. 그러니까 소련의 동의라든지, 연합국의 동의라든지, 조선 사람·베트남 사람 동의라든지 이런 것 하나 없이 자기들이 일방적으로 결정한 것입니다.

여기서 앞서 말한 역사가정법을 적용시켜 문제를 제기해보겠습니다. '만일, 미국이 해방공간에서 조선의 역사나 나아갈 방향에 대해 개입하지 않았더라면 과연 지리적 분단이 있었을 것인가?' 우리가 해방을 위해 계속 투쟁하긴 했지만 전적으로 우리 힘만으로 일본군이 항복을 한 건 아니니까, 백번 양보를 하면 일본군 무장해제를 위해 미군이 들어올 수 있었다고 볼 수도 있어요. 물론 이것도 사실 문제가 있긴 하지만요.

당시에 미군은 오키나와에 진주해 있었고 북한의 나진 지역 등에서는 소련군이 일본군과 싸우고 있었거든요. 일본군 무장해제는 소련이 그냥 해도 되는 건데 미군이 굳이 온 거죠. 어쨌든 미군은 일본군 무장해제에 그친 게 아니라 분할점령을 밀어붙였죠. 미국이 개입하지 않았다면 과연 조선의 지리적 분단은 있었을 것인가? 당연히 없었죠! 2차 대전 결과 조선과 베트남이 지리적 분단을 겪게 되는데 이건 매우 의미심장한 사건이었어요. 둘 다 북쪽에서는 민족해방세력, 사회주의세력이 집권을 하고 남쪽에서는 친미정부가 들어서잖아요. 그리고 베트남에서는 1946년 12월에 전쟁이 발발하고 조선에서는 50년 6월에 발발하죠. 베트남은 30년간 통일전쟁을 해서 75년에 미국을 완전히 굴복시키고 통일을 이룬 반면, 우리는 3년 동안 피 터지게 싸웠지만 통일을 이루지 못한 채 지금껏 분단되어 살고 있죠.

장 | 2차 대전에서 함께 싸웠던 미국과 소련이 전쟁이 끝남과 동시에 진영 간 적대적인 경쟁을 시작하게 되지요. 미국이 조선과 베트남을 분

할점령을 한 것도 그 경쟁을 위해 기획한 것이란 말씀이신 것 같습니다. 그럼 여기서 잠깐 다른 질문을 드려보겠습니다. 미국이 분할점령을 기획하고 관철하려고 한 이유는 뭔가요?

강 | 미국에서는 전쟁이 끝나면 공황이 온다고 생각하는 이가 많았습니다. 경제공황에 대한 공포감이 사회주의 확산에 대한 우려로 변한 거지요. 사실 당시에는 '인류 역사의 방향은 사회주의'라는 데 전 세계적으로 공감대를 이루고 있었어요. 자본주의는 자체 모순으로 계속 공황을 되풀이하고 전쟁도 터트린다, 인류사회 역사에서 자본주의가 있는 한 수탈과 착취, 전쟁은 불가피하다는 등의 인식이 확산되었어요.

특히 제3세계 나라들은 제국주의 나라들의 지배를 받았잖아요. 그러니까 자본주의, 이 자본주의가 발전한 제국주의를 좋아할 수가 없는 거예요. 우리도 일본의 식민통치 때문에 엄청난 고통을 당했잖아요. 다른 나라에서는 미국, 영국, 프랑스, 스페인 이런 나라들이 우리로 치면 일본과 같은 존재였죠. 그러다 보니 제3세계 나라들이 자본주의, 제국주의를 싫어하고 사회주의를 선호하는 경향이 강했어요. 러시아에 들어선 소련 사회주의 정권이 제3세계 민족해방운동을 많이 지원하기도 했고요. 우리도 독립 자금을 소련에서 지원받았어요.

사실 해방 당시만 해도 자본주의냐 사회주의냐 하는 식의 이념 대립은 그렇게 심하지 않았습니다. 1946년 7월 미 군정청 여론조사를 보면 조선 사람의 77퍼센트 정도가 사회주의를 지지하는 걸로 나타나요. 제국주의는 좋아하려야 좋아할 수가 없으니 자연스럽게 사회주의에 대한 선호도가 더 높았던 것이죠. 미국은 이처럼 사회주의가 확산되는 것을 무척이나 두려워했습니다. 당시 미국의 생산력은 세계 생산력에서 막

대한 비중을 차지하고 있었거든요. 미국은 자유시장경제이기 때문에 생산력을 계속 높이려면 무역이 중요하죠. 그런데 사회주의는 자립경제를 추구해요. 따라서 사회주의가 확산되면 확산될수록 미국의 그 엄청난 생산력은 판로를 잃게 됩니다. 그래서 전쟁이 끝나갈 무렵에는 사회주의에 대한 경계심이 엄청 높아지죠. 그리고 전쟁이 끝날 무렵 미국 대통령이 바뀝니다. 스탈린, 처칠과 함께 2차 대전을 같이 끌고 왔던 루스벨트가 죽고 트루먼이 대통령이 되죠.

트루먼은 전쟁 후 닥칠 공황을 막아야 한다는 미국 내 여론에 민감한 반면 과거에 전쟁을 함께 수행해온 사람은 아니었던 거죠. 그래서 더더욱 미국의 이익을 관철시키는 데 냉정하고 철저할 수 있었다고 봐요. 트루먼은 전쟁이 끝나려는 시점에서 세계적 차원에서 대소봉쇄전략을 거의 확립합니다. 그리고 소련이 조선에서 무장해제를 제주도까지 단독으로 진행한다면 조선에 대한 영향력을 행사하기 어렵다고 판단해 무리하게 미군을 조선에 진주시킨 거죠. 세계적 차원에서 냉전이 시작되기도 전에 조선에서는 분단과 동시에 냉전이 찾아온 겁니다.

신탁통치가 아니라 '조선임시정부 수립'이었다

장 | 2차 대전은 제국주의 간의 전쟁이었지만, 그 결과 많은 식민지 나라가 독립하고 또 일부 국가에 사회주의 정권이 들어서게 되었죠. 자본주의와 제국주의를 반대한 여러 나라 민중의 투쟁이 세계적으로 확산되는 것을 보면서 미국은 두려워했고요. 그럼 계속 이어서 분단에 대해 구체적으로 이야기를 나눠보겠습니다.

강 | 두 번째는 이념적 분단입니다. 해방공간의 중심 화두는 자본주의
냐 사회주의냐 하는 이념 대립이 아니라 친일민족반역자 청산 문제와
새로운 조선사회 건설이었습니다. 해방이라는 것은 일본의 직접적인
통치에서 벗어나는 것 그리고 조선 사람이 조선의 역사를 스스로 만들
어나가는 것을 뜻합니다. 해방되기 전 조선의 사회경제 구조와 제도는
모두 일본을 위한 것이었어요. 해방이 되면 이 모든 것을 조선 사람을
위한 걸로 바꿔야죠. 그러려면 식민지 잔재를 청산해야 합니다. 식민지
잔재를 청산하려면 일제 치하의 법·제도·구조를 전부 무너뜨린 후 새
로 만들어야 합니다. 그리고 과거의 제도와 구조에서 잘 먹고 잘살면서
조선 사람을 억압하고 수탈하고, 조선의 독립을 방해한 친일민족반역자
들을 청산해야죠. 구조를 청산해야 되고 사람을 청산해야 되는 겁니다.
하지만 소위 신탁통치파동, 이걸 계기로 이념 대립이 격화되었어요.

2차 대전 당시 미국, 영국, 소련 외상은 전쟁을 어떻게 전개할지, 또
전쟁이 끝나면 어떻게 할지 전쟁 시기에 3개월마다 만나 회의를 했어
요. 전쟁이 끝난 뒤 모스크바에서 조선 문제를 놓고 회의를 했죠. 그게
모스크바 3상회의입니다. 당시 모스크바 3상회의의 결정 사항은 조선
임시정부 수립이었습니다. 조선 사람들이 스스로 끌고 나갈 수 있는 임
시정부를 수립하도록 하되 단 5년간은 외교권과 국방권을 제한하고,
5년 후에는 외교권과 국방권도 넘겨 완전히 자주독립국가로 되게 한다
는 것입니다. 그런데 미국에서는 이 결정 사항을 '신탁통치'라고 발표
해버리고 맙니다. 신탁통치라는 말에 조선 사람들은 화가 났어요. 조선
총독부 같은 게 다시 들어서는 줄 알았던 거죠. 그래서 신탁을 반대하
는 반탁 데모가 엄청나게 일어납니다. 좌우를 막론하고 모두 참여하죠.

하지만 실제 내막은 신탁통치가 아니라 조선임시정부 수립이에요.

국제법상에서는 독립정부가 아니지만 조선 사람이 모든 걸 끌고 나가니까 국내법적으로는 독립정부였던 거죠. 미국이 장난을 친 겁니다. 미국은 여기서 더 나아가서 자신은 조선의 즉각적 독립을 주장했지만, 소련이 신탁통치를 주장해서 어쩔 수 없이 동의했노라고 발표합니다. 이 거짓 발표를 《조선일보》《동아일보》 등 국내 신문이 대서특필을 한 거죠. 완전히 사기를 당한 겁니다. 그러자 얼마 전까지 친일파 청산이었던 사람들 관심이 갑자기 신탁통치 반대운동으로 완전히 바뀌어버려요. 이 사실을 안 소련이 좌익 쪽에 '신탁통치'가 아니라 '조선임시정부 수립'이라고 바로 알려줘요. 그래서 좌익은 뒤에 반탁데모에서 빠지고 모스크바 3상회의 결과를 수용하는 입장으로 바꿉니다.

이제 반탁운동에는 우익만 남게 되는데 여기에 친일파들이 대거 참여하죠. 그런데 미국이 이들을 지지, 보호해줘요. 그래서 청산 대상이던 친일민족반역자들이 하루아침에 되살아납니다. 그리고 반탁에 참여하지 않는 사람들을 오히려 민족반역자, 매국노라는 식으로 여론을 몰아가요. 좌익이 느닷없이 매국노가 된 거죠.

장 | 교수님이 말씀하셨던 역사가정법대로 질문을 다시 던져볼 수 있겠네요. '미국이 과연 모스크바 3상회의 결정 사항을 왜곡하지 않았다면 이념적 분단이 있었을까?'라고요.

강 | 그렇습니다. 모스크바 3상회의를 수용해서 조선임시정부가 수립되었다면 이념 대립이 폭발해서 분단에까지 이르진 않았을 겁니다. 친일민족반역자들이 되살아나지도 않았을 거예요. 이건 누구의 책임인가요? 친일민족반역자들에게도 책임이 있지만 진실을 왜곡하고 역사를

난도질한 주된 책임은 미국에게 있는 겁니다.

청산 못한 친일파

장 | 한 나라의 역사가 이렇게 뒤틀릴 수도 있다는 게 놀랍고 비참하기도 합니다. 저 또한 그 상황이었으면 반탁을 했었겠다는 생각도 듭니다. 지금처럼 정보와 뉴스를 쉽게 확인할 수 있는 상황도 아니었으니 일본을 몰아내는 데 큰 도움을 준 미국의 발표를 0.1퍼센트도 의심하지 않았을 것 같아요. 나라를 다시는 빼앗기지 않겠다고 일으킨 반탁데모가 나라를 갈라지게 하고 민족반역자를 되살려주는 길을 열었다니 이런 역사의 아이러니가 또 어디 있을까요.

강 | 우리 민족이 분단되는 데 미국은 이렇게 큰 책임을 졌습니다. 앞서도 말씀드렸습니다만 분단에서 미국의 역할은 아주 결정적입니다. 그러니 미국의 책임을 경감해주는 양비론적 분석이나 평가를 해서는 안 됩니다.

세 번째로 사회경제적 측면에서 분단을 살펴보도록 하겠습니다. 남북 분할점령이 이뤄지면서 남과 북은 사회경제적으로도 완전히 다른 세상이 되었어요. 북한에서는 1946년 3월에 토지개혁을 완료하고, 46년 6월이면 진보적 노동법을 새로 만들고, 7월에는 남녀평등법을, 8월에는 일본인과 친일파 재산 환수를 중심으로 한 국유화법을 만듭니다. 46년 당시에 산전산후 휴가를 77일을 주는 아주 진보적인 법을 만들죠. 아동노동, 여성차별, 인신매매 등이 금지되었고요. 그리고 토지개혁으로 지주-소작관계인 봉건주의 경제형태가 완전히 사라지고, 사회주의 경제형태가 작은 규모지만 도입되죠. 물론 자본주의는 지속되지만 주로 친일파가 장악하고 있던 그 시스템은 점차 약화될 수밖에 없었습니다. 그러나 남쪽에서는 이러한 혁명이나 개혁 조치가 제대로 이루어지지 않았습니다.

남과 북이 사회경제적으로 이렇게나 달라져버려요. 자본주의로 가느냐 사회주의로 가느냐 이전에 일제에서 벗어난 직후 사회경제적으로 해결해야 할 가장 중요한 문제가 무엇이었을까요? 친일세력 청산, 토지개혁, 일본인과 친일파 재산 환수, 봉건주의 일소 등일 것입니다. 일제 치하에서 봉건주의와 식민주의로 이중삼중 수탈당하고 수모당한 민초들의 생존권을 해결해줘야 하거든요. 이것이 혁명이고 개혁이죠. 북한의 경우에는 그런 대로 개혁이 성공적으로 진행된 거라고 볼 수 있는데 여기에는 소련의 도움이 있었습니다.

하지만 남쪽을 점령한 미국은 도리어 조선의 내재적 개혁을 막으려고 혈안이 되었죠. 친일파들을 동원해서 말입니다. 북쪽에서는 친일파들이 발붙일 곳이 없었어요. 하지만 남쪽에서는 이런 친일파를 청산하지 못하다 보니까 일제 치하에서 일본 앞잡이를 하면서 잘살던 분자들이 계속 떵떵거리면서 잘살게 돼요.

해방이 된 지 얼마 되지도 않아 남북이 이렇게 달라져요. 외세가 개입하지 않았더라면 과연 이런 사회경제적 분단이 있었을까요?

장 | 북에서는 개혁이 원만히 추진된 반면에 남에서는 미군정과 친일파가 손을 잡아 정상적인 개혁이 진행되지 못했군요. 48년에는 아예 두 정부가 들어섰고요.

강 | 네. 이것이 정치적 분단입니다. 1948년 1월에 실질적인 남한 단독선거 실시를 위해 유엔 조선임시위원단이 들어와요. 당시에 사람들은 5·10선거가 실시되면 그것이 곧 분단이라고들 생각했어요. 그래서 좌익, 중도파 그리고 우익인 상해임시정부 쪽에서는 선거를 거절하고 남북제정당사회단체연석회의를 해서 분단을 막으려고 했고, 남로당 측에서는 단독선거 하면 분단이 되니까 미군정과 이승만을 무력으로라도 무너뜨려 통일정부를 수립하자며 공개적으로 무장투쟁을 선언했어요.

어쨌거나 5·10선거가 치러지고 대한민국정부가 수립되었어요. 5·10선거는 지금 선거와 달랐어요. 지금은 남녀노소 막론하고 만 20세가 되면 유권자지만 그때는 스스로 등록을 해야만 투표할 수 있는 등록제 선거였어요. 당시에 정당, 사회단체가 410개 정도였는데 40여 개만 선거에 참여해요. 그 외 90퍼센트는 이 선거를 전부 보이콧했어요. 참여한 10퍼센트는 한국민주당, 독립촉성회, 서북청년단 등 친일세력들이 대부분이었지요. 그러니 선거 결과는 말할 필요도 없죠. 결론적으로 말하면, 5·10선거는 소수의 친일세력만이 참여한, 미국과 친일세력만을 위한 선거였습니다.

장 | 친일파에게 5·10선거는 하늘이 준 기회나 다름없군요. 그럼 북한은 어떤 과정으로 정부를 수립했나요?

강 | 북쪽에서는 8월 25일 선거를 실시해 최고인민회의 대의원 212명을 선출했죠. 남쪽 지역에서는 7월 26일 연판장 지하 선거를 통해 인민대표 1080명을 선출했고요. 지하 선거니까 제대로 된 선거라고 볼 수는 없지만 어쨌든 남한의 인민대표들이 북한 정권 창출에 참여한 것이죠.

그 뒤 8월 21일 해주에서 '남조선 인민대표자회의'가 열렸고, 여기에 남한 인민대표 1080명이 참석해 남쪽 지역 대의원 360명을 선출했죠. 결국, 남북 지역에서 선출된 대의원 572명이 최고인민회의를 거쳐 9월 9일 조선민주주의인민공화국이 출범합니다. 남과 북 양 지역 대표들이 참여했으니까 북한은 조선민주주의인민공화국에 정통성이 있다고 주장해요.

이렇게 한 나라 안에 두 정권이 들어서고, 결과적으로 서로가 서로를 원천적으로 부정하기에 이릅니다. 그 뒤 삼팔선에서는 남북이 하루도 빠짐없이 전투를 벌여요. 거의 전쟁 상태나 다름이 없었습니다. 그러던 중에 6·25전쟁이 발발합니다. 이로 인해 분단 상황이 굳어지죠. 전쟁 전까지만 해도 다들 곧 통일이 되리라고 생각했습니다. 그런데 정부나 정치적 차원의 분단 때문이 아니라 전쟁에서 죽고 죽이면서 반공, 반미 이데올로기가 깊어져 사람들이 서로 등을 돌립니다. 이렇게 민족이 완전히 적대적인 상태로 빠지면서 민족적 분단 상태에까지 치닫게 된 것입니다.

장 | 지리적 분단, 이념적 분단, 사회경제적 분단, 정치적 분단, 민족적 분단 이렇게 다섯 가지로 나누어 분단을 살펴보니, '미국이 개입하지 않았더라면 과연 우리가 분단되었을까?'라는 교수님 질문이 왜 중요한지 알겠습니다.

강 | 그렇습니다. "역사에서 가정은 금물이다, 부질없는 소리다"고들 말하지만 이렇게 역사가정법을 적용해야 역사의 실체가 뚜렷이 드러나는 겁니다. 6·25전쟁도 마찬가지예요. 미국이 개입하지 않았더라면 아

마도 한 달 안에 끝났을지도 모릅니다.

미국 때문에 국제전 된 한국전쟁

장 | 그럼, 이제 한국전쟁에 대해 이야기해보죠.

강 | 전쟁도 다섯 단계로 구분해서 분석해볼까 합니다. 작은전쟁, 확대제한전쟁, 국제전쟁과 전면전쟁, 진영전쟁, 교착제한전쟁으로 나누겠습니다. 전쟁의 성격과 전개 양상, 전쟁의 책임 소재에 대해 더 잘 이해할 수 있기 때문입니다. 한국전쟁은 많은 단계와 요소를 복합적으로 안고 있거든요.

장 | 한국전쟁을 그렇게까지 구체적으로는 생각해보지 못했는데 교수님 덕분에 역사 공부를 다시 하는 기분입니다.

강 | 그렇죠. 3년간 동족이 죽고 죽이며 피 터지게 싸웠는데 한국전쟁의 실체를 정확히 아는 사람이 많지 않아요. 한국전쟁의 출발은 '작은전쟁'에서 시작돼요. 6월 25일 이전부터 전쟁이 시작되었기 때문에 한국전쟁은 6·25전쟁보다 범주가 더 큽니다. 작은전쟁은 1948년 2월 7일부터 시작됩니다. 앞서도 잠깐 말씀드렸는데 5·10선거를 남로당 등 좌익세력들은 분단으로 받아들였어요. 그래서 분단을 막고 통일을 하기 위해 무력투쟁을 공개적으로 선언합니다. 그때부터 동맹휴업, 총파업, 파출소 습격, 야산대투쟁 등 무력투쟁이 벌어지죠. 48년 제주4·3항쟁

이나 여순항쟁도 이런 과정에서 벌어진 사건입니다. 남북에 각 정권이 들어선 뒤부터 6·25전쟁 발발 직전까지 거의 하루도 빠짐없이 삼팔선에서 전투가 벌어져요. 이 과정에서 10만 명 정도가 사망합니다. 분단을 막고 통일을 하겠다는 좌익과 분단을 지지하는 친일 중심의 우익세력 간의 전쟁이었죠. 작은전쟁이 계속되었지만 결론이 나질 않았고 6월 25일 북에서 남을 침공하게 되었어요.

여기서 잠깐 용어에 대해 설명하자면, '침공'과 '침략'은 구분해서 사용해야 합니다. 침략이라는 것은 별개의 주권국가끼리 벌이는 무력충돌입니다. 남북이 별개의 주권국가는 아니잖아요. 지금은 형식적으로는 유엔에 동시가입 되어 있으니까 별개 주권국인 성격도 있지만 실질적으로는 별개 국가는 아니죠. 왜냐하면 남북기본합의서에도 나와 있지만 우리는 현재의 분단 상태를 일시적인 과도기 상태로 규정하고 있으니까요.

북은 6월 25일 침공할 당시만 해도 이승만 정부를 한 달 안에 무너뜨리고 통일을 할 수 있다고 생각한 것 같아요. 이승만 정부의 지지도도 높지 않았고, 통일을 원하는 사람들이 많았으니까요. 그렇게 작은전쟁이 6월 25일을 지나면서 확대제한전쟁으로 발전했습니다. 그런데 전쟁이 시작되고 사흘 만에 미국이 개입 선언을 하고 7월 1일 지상군을 투입합니다. 이때부터 전쟁의 성격이 완전히 달라집니다. 작은전쟁이 민족 내부의 전쟁, 통일이냐 분단이냐를 놓고 벌인 전쟁이었다면 미국이 전쟁에 개입하면서부터는 미군과 북의 인민군이 전쟁의 주체로 바뀝니다. 남쪽 국방군은 미군을 돕는 보조 역할을 하게 되고요. 미군과 인민군이 전쟁 주체로 바뀌면서부터 국제전쟁, 전면전쟁이 됩니다.

장 | 한국전쟁이 처음에는 내전이었는데 미국이 개입하면서부터 국제
전으로 변했다는 말씀이신가요?

강 | 그렇습니다. 전쟁에 개입한 미군은 초반에는 낙동강으로 밀려났어
요. 그러다가 인천상륙작전이 성공해 삼팔선을 넘게 되죠. 그리고 10월
25일경 평양을 함락합니다. 그런데 중국에서는 그전부터 삼팔선을 넘
으면 좌시하지 않겠다고 말해왔어요. 왜냐하면 평양이 함락되면 그 다
음에는 중국이라고 생각했기 때문이에요. 임진왜란 때 명나라가 전쟁
에 개입한 것도 평양이 일본에 점령된 직후였어요. 중국 입장에서 평양
은 마지막 저지선인 셈이었던 거죠. 그래서 평양 함락과 동시에 중국군
이 전쟁에 개입합니다. 그러면서 이제 전쟁은 진영전쟁으로 발전합니
다. 사회주의 국가들 사이에서 2인자라 할 수 있는 중국과 자본주의 일
인자인 미국이 싸우는, 두 진영이 서로 맞서는 전쟁인 거죠.

 중국은 '항미원조보가위국'*을 전쟁 개입 명분으로 내세웠어요. 중

★抗美援朝保家爲國. 미국에 저항하고 북한을 돕는 것이 가정을 지키고 나라를 위한 일이라는 뜻
이다.

국군이 개입하자 미군이 후퇴했고 그러다가 다시 삼팔선을 회복한 것
이 1951년 6월입니다. 이때가 되면 미국도 중국도 군사적으로 더는 승
리하기 힘들다고 판단하죠. 그래서 마지막 단계인 진영전쟁에서 교착
제한전쟁으로 가요. 군사적 승리는 불가능하니까 서로 밀고 당기기 하
면서 2년을 버티다가 전쟁이 끝납니다. 6·25전쟁은 외세에 기원한 내
전으로 출발해서 국제전으로, 진영전쟁으로 격화되었다가 또다시 분단
이 굳어지는 걸로 끝나고 말았습니다.

장 | 만일 미국이 전쟁에 개입하지 않았더라면 내전이니까 남쪽이 이

기든 북쪽이 이기든 분단으로 이어지지는 않았을 가능성이 높겠군요.

강 | 미군정이 들어서지 않았더라면, 미국이 모스크바 3상회의 결과를 왜곡하지 않았더라면, 친일파를 비호하지 않았더라면, 전쟁에 개입하지 않았더라면 과연 한반도가 분단이 되었을까요? 그렇지 않았을 겁니다. 우리 민족이 분단되고 전쟁을 하게 된 데에는 미국의 책임이 가장 큽니다.

한미동맹의 기원

장 | 전쟁은 끝났지만 민족 내부에 뿌리 깊은 증오와 상처를 남겼습니다. 그렇게 만든 미국의 잘못은 감추어진 채 말입니다. 미군은 아직도 남한에 진주하고 있습니다. 우리가 맺고 있는 관계 가운데 유일하게 '혈맹'이라는 수식어를 붙일 수 있는 나라로도 남아 있지요. 이제 다른 어떤 관계보다도 중요하게 인식되는 한미동맹에 대해 이야기를 나눠봤으면 합니다.

강 | 우선 한미동맹의 기원부터 이야기해보죠. 흔히들 1953년 한미상호방위조약 체결을 한미동맹이 맺어진 시점으로 보는데 이건 형식적 차원에서 그런 것이지 실질적 차원에서는 미군이 한반도에 진주하면서부터라고 봐야 합니다. 그러면 45년 9월부터이지요. 그런데 한미동맹은 누구와 누구 사이의 동맹일까요? 45년 9월에 조선은 독립되어 있지 않았습니다. 미국 점령 시기이니까요. 한미동맹의 출발은 미국과 아직

독립하지 못한 남한에서 상층부를 이루었던 친일파들과 맺은 동맹이라고 말할 수 있어요. 국가와 국가 간에 맺은 정상적인 동맹이었다고 말하기는 어렵지요.

해방으로 친일민족반역자들은 권력, 재산, 지위 모든 걸 잃을 처지였어요. 죄질이 나쁜 사람은 처형도 당할 수 있는 상황이었죠. 이들의 살길은 일본을 대신해 자신들을 보호해줄 수 있는 미국에 붙는 것뿐이었습니다. 그러니 미국이 원하는 정책은 쌍수 들고 받아들인 거지요. 민중에 권력 기반이 없으니 절대 주도세력이 될 수 없는 사람들이었는데도 미군정에 붙으면서 남한의 주도세력이 된 것입니다. 그러니 불평등동맹이 될 수밖에 없었지요. 미국이 원하는 대로 다 들어줘야 하니까요. 이렇게 한미동맹은 원초적으로 평등할 수 없는 예속적인 운명을 안고 있었습니다.

작전권까지 넘겨준 한미군사동맹

장 | 한미동맹을 경제, 문화, 외교, 정치 등 포괄적으로 이해할 수도 있겠지만 핵심은 한미군사동맹이지 않나요?

강 | 그렇습니다. 군사동맹이 본질이지요. 정치, 군사, 경제 등 여러 각도에서 한미동맹을 말할 수 있는데 군사를 제외한 다른 분야에서는 다른 국가들과 맺은 것보다 불평등 정도가 심하다 뭐 그런 정도입니다. 하지만 한미군사동맹은 완전히 차원이 다른 문제이지요.

한미군사동맹은 1950년 7월 작전권 이양, 53년 한미상호방위조약,

54년 한미합의의사록 이렇게 세 가지를 통해 법제도화됩니다. 50년 7월에 미국에 이양한 작전권은 한미군사동맹이 정말 명백한 예속동맹이란 걸 보여줘요. 작전권은 우리의 죽고 사는 문제와 관련이 있잖아요. 죽고 사는 전쟁 결정 권한이 우리에게 없다는 겁니다. 50년에 넘긴 뒤 아직도 돌려받지 못하고 있어요. 세계에서 작전권을 외국이 행사하는 나라는 이라크와 남한밖에 없어요. 그런데도 국방장관 등 군 출신 원로들과 한나라당은 작전권 환수에 반대를 하고 있습니다.

막스 베버는 무력행사의 독점권을 가진 것이 국가의 가장 큰 특징이라고 했어요. 베버의 시각에서 보면 대한민국은 정상적인 국가라고 말할 수 없는 거죠. 그뿐만 아니라 1953년에 체결된 한미상호방위조약에 따르면, 미국은 한국이 외부의 침략을 받았다고 판단하면 자의적으로 군사력을 행사할 권한을 가진다고 명시돼 있어요. 한국이 반대하더라도 말이죠. 결국 한국의 동의는 필요 없는 겁니다. 이렇게 미국은 자신이 판단해서 필요하다고 여기면 한반도에서 전쟁을 일으킬 수 있는 권한을 법제도적으로 만들어놓았습니다.

1954년에 체결된 한미합의의사록은 정말 기만적이에요. 조약은 국가와 국가 간의 협약이기 때문에 의회 비준을 필요로 합니다. 하지만 합의의사록은 이런 과정이 필요 없어요. 외교부나 국가 사이에서 비밀스럽게 합의할 수 있습니다. 이렇게 하면 의회를 거치지 않으니까 쟁점이 되지를 않죠. 한미의사합의록에는 아주 상세한 내용이 담겨 있어요. 군대 숫자의 상한선까지 제시해놓았을 정도이지요. 경제체제 선택권에 대한 제한도 있고, 통일은 반드시 미국과 협의해야 한다는 규정도 들어 있죠. 김대중 정권 때도 한미연례안보회의 같은 데서 비밀합의가 있었어요. 통일은 어떤 식으로 한다, 주한미군은 통일 후에도 주둔한다, 뭐 이런 것들이죠. 밀약은 아닌데 의회에서는 잘 모르고 행정부, 외교부에서 쓱쓱 처리하니까 사회적 쟁점은 안 되니 사람들이 잘 모르고 넘어가는 거죠.

전쟁 위기 조장하는 미국

장 | 우리 사회 지배층은 북의 도발을 막으려면 한미군사동맹이 꼭 필요하다고 말합니다. 이런 이야기에 대해서는 어떻게 생각하십니까?

강 | 그렇게 생각하지 않습니다. 북이 군사적으로 도발한다 해도 남한의 군사력만으로 충분히 막을 수 있습니다. 이건 남북 간 군사력을 비교해보면 알 수 있습니다. 남한은 군사비에만 해마다 무려 30조 원에 가까운 290억 달러를 씁니다. 5억 달러 미만인 북한과 견주면 60배 정도를 더 쓰는 겁니다. 전쟁을 하면 경제력도 중요한데 경제력에서도 차이가 크죠. 50배 정도 남쪽이 더 커요. 현재 남한 군사비는 세계 8위 정도예요. 군사력은 10위 이내이고요. 북은 순위에도 안 들어가죠. 군사력 자체에서 북은 남한과 게임이 안 돼요. 그런데도 남에 대한 북의 위협이 실재하는지 의심스럽습니다.

이렇게 남한의 군사력만 가지고도 전쟁을 억제하고 남을 수준인데 왜 주한미군이 있어야 하고 한미군사동맹이 필요한가요? 한반도 평화를 위해 한미군사동맹이 필요하다는 건 현실과 다른 얘기입니다.

장 | 하지만 그동안 남과 북이 대치하면서 한반도에 전쟁 위기가 여러

번 있었습니다. 그 문제는 어떻게 보십니까?

강 | 전쟁 위기의 책임은 오히려 미국에게 있어요. 그동안 한반도에 총열한 번 전쟁 위기가 있었어요. 그중 한 번은 남한(1차 서해교전), 또 한 번은 북한(2차 서해교전)이 원인이었고 나머지 아홉 번은 미국이 주도한 것입니다. 한미군사동맹이 전쟁을 막는 게 아니라 그 반대였다는 것이지요.

장 | 전쟁 위기가 열한 번이나 있었다고 말씀하시니 좀 놀랍습니다. 전쟁 위기에 대해 구체적으로 말씀해주세요.

강 | 앞서 말했듯이 전쟁 위기는 남과 북보다는 미국 때문에 생긴다는 거죠. 그래서 "한미동맹은 전쟁동맹이다."는 말도 나오는 거고요. 전쟁 위기는 냉전기(1953~1990년)에는 1962년 쿠바 미사일 위기, 1968년 푸에블로호사건, 1969년 EC-121정찰기격추사건, 1976년 판문점미루나무사건 이렇게 네 번 있었고, 탈냉전기(1991년~현재)에는 1991~1992년 전쟁 위기, 1994년 영변핵위기, 1998~1999년 금창리 핵위기, 1999년 1차 서해교전, 2002년 2차 서해교전, 2003년 9~12월 전쟁 위기, 2005년 4~6월 전쟁 위기 이렇게 총 일곱 번이 있었어요. 여기서 1차, 2차 서해교전은 우발적인 사건으로 남과 북이 각각 한 번씩 책임이 있어요. 나머지 아홉 번은 모두 미국이 의도적으로 또는 계획적으로 주도한 것이고요.

1962년 쿠바 미사일 위기 때 미소 양국이 극단적으로 치달아 3차 세계 전쟁이 발발할 상황이었습니다. 진영 간 전쟁은 곧 한반도의 전쟁으로 이어지게 되죠. 왜냐하면 미소 간에 전쟁이 벌어지면 한반도는 소련의 아래쪽 전선이 됩니다. 당시 한반도에 핵무기 1천여 기가 배치되어 있었어요. 만일 쿠바 미사일 위기가 전쟁으로 이어졌으면 주한미군은 남한에 있는 핵무기를 소련을 향해 쏠 거고, 소련은 워싱턴 공격과 동시에 서울, 즉 남쪽을 향해 쐈을 거예요. 남의 전쟁에 한반도가 핵폭풍 아래 놓일 아주 위험한 상황이었죠. 한미군사동맹, 주한미군 때문에 제2의 청일전쟁이 일어날 뻔한 겁니다. 1894년에 청나라와 일본이 전쟁을 했는데 이게 청나라도 일본도 아닌 조선 땅에서 벌어졌잖아요. 바로 이런 일이 주한미군과 한미군사동맹 때문에 언제든지 터질 수 있습니다.

1968년 푸에블로호사건과 69년 EC-121정찰기격추사건은 양상이 비슷한데요, 푸에블로호는 미국 정탐선의 이름입니다. 이 배가 북 영해인 원산 앞바다를 침범해서 북이 나포를 해요. 그러자 미국이 전쟁을 하려고 했죠. EC-121정찰기도 마찬가진데, 북과 미국은 서로 적국이잖아요. 그런데도 미국이 북의 영공을 침략한 거죠. 그래서 북에서 격추를 시켜요. 주권국가가 적국 정탐기가 출현했는데 정탐하라고 가만히 놔두지는 않잖아요. 대체로 이런 건 정당행위로 보는데, 미국은 바로 전쟁을 하려고 했어요.

1976년 판문점미루나무사건은 더 어이없죠. 판문점에서 미루나무를 무단으로 절단하려는 미군 장교 두 명을 북한 병사가 제지하는 과정에서 격투가 벌어져 두 장교가 죽어요. 판문점에서는 서로 합의가 없으면 풀 한 포기도 손댈 수 없거든요. 그런데도 사건이 발생하자 미군은 바로 B-52 핵무기를 싣고 한반도 연안에서 대기를 합니다. 최악의 전쟁 위기에 놓였던 사건이었죠. 북한 인민무력부에서 유감을 표시해 전쟁 위기를 넘기긴 했지만, 수천만의 목숨이 달린 게 전쟁인데 미군 장교

둘이 죽었다고 해서 전쟁을 택하는 건 정상은 아니거든요. 전쟁은 쉽게 선택할 수 있는 게 아니잖아요. 한 나라 사람 두 명이 죽는 일이 지금도 허다합니다. 그런데 그때마다 전쟁을 한다면 한 달에 열 번 이상은 전쟁이 터져야죠. 설사 어느 한쪽이 잘못해서 안타까운 죽음이 발생하더라도 보통은 진상을 규명하고, 사과와 보상을 하고, 재발 방지를 약속하고 대책을 수립하지 전쟁으로 치닫지는 않지요.

장 | 전쟁 발발의 시작점이 되는 구체적인 사건이 존재하는 건 사실이지만 전쟁이란 게 어느 한 사건으로 인해 일어나는 건 아니잖아요. 전쟁이 일어나는 건 '어떤 사건' 때문이 아니라 '어떤 의도' 때문이라고 봅니다. 그렇게 볼 때 전쟁의 의도를 가진 쪽은 북도, 남도 아닌 미국이라는 말씀으로 이해됩니다.

강 | 그렇습니다. 냉전기에 한반도는 자본주의와 사회주의 간의 지리적 최전선이고 미국의 동북시아 대륙 진출의 발판이기도 하니까요. 지리적으로 한반도는 너무나 중요하죠. 그런데 소련이 몰락하고 탈냉전 시대로 들어서면서 전쟁 위기가 더 잦아져요. 소련이 몰락했는데도 사회주의를 고수하고 있는 나라들에 대한 압력이 집중되었어요. 1991년 걸프전쟁 직후 '다음 차례는 김일성과 카스트로'라는 말이 나돌았지요. 1991~1992년 전쟁 위기 때 120일 전투 시나리오도 나왔죠. 1994년 영변핵위기 때는 정말 위험했는데, 당시 국방장관이었던 페리가 "한 시간만 늦었더라도 전쟁은 불가피했다."고 말할 정도였지요. 직접 전쟁 준비를 지시하고 시뮬레이션까지 마친 페리가 전쟁을 일으킬 경우 피해가 엄청나다고 결론지었지만, 이미 백악관에서는 결정을 내린 뒤였습

니다. 그런데 카터 대통령이 평양에서 김일성 주석과 합의해서 극적으로 전쟁 위기에서 벗어난 겁니다. 지금도 기적이라고들 하죠. 그렇게 생각하면 우리 목숨이 기적적으로 살아 있는 겁니다.

1998년에는 금창리 핵위기가 발생하는데, 이것은 당시 북에 핵무기가 있어서가 아니라 미국이 인공위성 사진 분석 결과 북이 핵무기를 가지고 있다고 판단해서 생긴 사건이었어요. 미국에서는 모의 핵폭탄 실전 연습까지 했었는데 결국 사실무근으로 판명 났어요. 이라크전쟁 직후 2003년 9~12월에 또 전쟁 위기가 와요. 이때 전 국방장관인 페리는 12월에 날 거다, 닉시 미 의회 연구원은 9월에 날 거라며 전쟁 예고를 해댔어요. 미국이 2002년에 한국 정부에 통보도 하지 않고 대북선제공격을 비밀리에 진행한다는 내용을 담은 작전계획 5027-02를 수립했기 때문이죠.

가장 최근의 전쟁 위기는 2005년 4~6월에 있었는데요, 이때도 아주 심각했죠. 정말 일촉즉발 상황이었습니다. 그때 고 노무현 전 대통령이 전력투구로 6·11한미정상회담을 성사시켜 부시에게 평화적인 해결을 천명해줄 것을 요구해요.

흔히 한반도 전쟁 위기 하면 북한이 위기를 조성하는 줄 알지만 정말 그런지 사실 여부를 정확히 따져보는 사람들이 별로 없습니다. 우리가 죽고 사는 문제인데도 말입니다. 사실 관계를 하나하나 따져보지 않고 한미동맹이 살길인 줄 아는 우리 주류사회가 개탄스럽습니다. 한미군사동맹 유지하는 데 비용이 엄청나게 들잖아요. 이걸 복지비로 돌리면 얼마나 살기 좋아지겠습니까?

장 | 아직도 한반도에는 주한미군이 있고, 한미군사동맹이 유지되고 있

습니다. 그렇다면 이로 인해 언제든 전쟁 위기에 빠질 수도 있겠네요.

강 | 그렇습니다. 앞에서도 말씀드렸지만 우리는 항상 제2의 청일전쟁이라는 위험에 노출되어 있어요. 주한미군이 평택으로 이전하는데, 평택은 지구촌에서 베이징을 공격하기 가장 가까운 곳이에요. 만에 하나 미국과 중국 사이가 나빠지고 대만이 중국에서 독립하는 사태가 생기면 중국은 바로 대만을 공격할 거에요. 미국은 중국이 대만을 공격할 기미가 보이면 바로 중국을 공격한다는 계획을 이미 세워두고 있고요. 이때 미국의 최전방 기지가 바로 용산이고 평택이고 군산이죠. 미국과 중국의 싸움에 한반도는 핵 참화를 입을 수 있어요.

미국 퍼주기, 그만하자

장 | 2000년대 들어 이라크 문제나 미군 장갑차에 희생당한 여중생 사건 등을 통해 미국, 주한미군에 대한 인식이 그래도 좀 변한 것 같습니다. 미국은 패권국가다, 자기 이익을 위해서라면 전쟁도 불사하는 나라라는 쪽으로요. 그렇지만 한미군사동맹 폐기에 찬성하는 사람이 아직 많지 않은 것 같습니다. 일부에서는 설사 불평등하고 불합리한 점이 있더라도 경제적인 문제가 걸려 있기 때문에 한미동맹을 쉽게 폐기할 수 없다고 주장합니다. 한국과 미국이 경제적으로 매우 긴밀하고 또 우리 경제의 대미의존도가 높은 상황에서 무작정 한미군사동맹 반대만 외칠 수 없다는 것이지요.

강 | 저는 그런 의견에 반대합니다. 경제적 실리주의 때문에 한미군사동맹을 포기 못한다는 것은 전혀 말이 되지 않습니다. 경제적인 도움을 받는다고 해서 외국 군대가 주둔해야 하고 군사동맹을 꼭 해야 하는 건 아니니까요. 그런 논리라면 현재 우리는 중국과 군사동맹을 맺고 이 땅에는 중국군이 주둔해야 맞을 거예요. 우리 무역의 30~35퍼센트가 중국이나 중국권인 대만, 홍콩, 싱가포르 등과 이루어지고 있으니까요. 경제적 실리를 따져봐도 미국보다 중국이 먼저죠.

또 경제적 실리주의 때문에 군사동맹도 가능하다는 게 얼마나 위험한 생각인가요? 미국과는 그냥 외교적으로 우호관계를 맺으면 그만이에요. 영국, 프랑스, 베트남, 이집트 이런 나라들과 맺는 관계 정도로도 충분하다는 거죠. 우리의 죽고 사는 문제, 평화생명권을 짓밟혀가면서 군사동맹을 맺을 이유는 없어요.

경제적 실리만 따져보아도 한미군사동맹은 폐지되어야 합니다. 우리가 주한미군에 퍼주는 돈이 엄청나요. 2009년에 주한미군주둔비 분담금 7600억, 주한미군시설부지지원비 1249억, 미군기지이전비용비 2679억, 미통신선 사용료 29억, 한미연합연습비용 분담금 52억, 과학화 훈련 관련 한미연합사 운영비 54억, 아프가니스탄 파병 관련 비용 7억, 무건리 훈련장 확장비 753억 원 등 1조 원이 훨씬 넘는 돈을 썼어요. 미군의 낡은 탄약을 인수하는 데 2714억 원을 썼는가 하면 반환기지 환경유지비 5000~6000억 원에 미국산 첨단무기 구입과 장비유지비까지 합하면 수조 원에 이릅니다. 어마어마한 비용이 미군에 들어가고 있어요.

김대중, 노무현 정부 시절에 북한에 지원한 금액이 연 3천억 원 정도 돼요. 남한 5천만 국민이 북한 동포에게 점심 한 끼 사준 정도죠. 그런데 한나라당과 보수언론은 북한 퍼주기라며 난리법석을 피웠어요. 그런데 문제는 북한 퍼주기가 아니라 미국 퍼주기입니다. 국민의 혈세를 주한미군에게 퍼주는데 우리한테 돌아오는 게 뭐가 있나요?

한국은 신용평가에서 절대 최상급이 될 수 없어요. 분단 상황이고 전쟁 위기가 언제든 있을 수 있으니까요. 2005년 9·19공동성명이 발표될 때나 2007년 2·13합의가 있을 당시 한국 신용평가가 상향 조정되었어요. 전쟁 위기가 줄어드니까 외국 투자자들의 불안이 해소되었던 거지요. 이렇게 볼 때 경제실리를 따진다 해도 한미동맹은 폐기되어야 마땅합니다.

미국 없어도 잘 살 수 있다

장ㅣ 평화와 생명을 위해서나 경제적 실리를 위해서나 한미군사동맹은 폐기되어야 한다는 말씀이시군요. 그런데 아직도 '미국 없이 우리가 잘 살아나갈 수 있을까?' 하고 불안해하는 사람들이 적지 않습니다.

강ㅣ 이런 걸 한번 생각해봐야 돼요. '과연 잘 산다는 게 뭘까?' 저는 인권이 보장되어야 잘 사는 거라고 봅니다. 인권이란 인간이 인간으로서 존엄성을 가지고 살아갈 수 있는 권리잖아요. 그런 조건을 보장해줘야 할 의무가 사회에 있고 그걸 보장받아야 할 권리가 각 개인에게 있습니다. 유엔 인권규약은 이 조건을 사회경제권과 자유시민권이라고 규정했어요. 그런데 저는 여기에 평화생명권도 추가되어야 한다고 봅니다. 유엔 인권규약을 만든 사람들이 서구 지식인이다 보니 이들은 평화생명권의 절박성을 잘 몰랐던 것 같아요.

식민지를 경험한 사람들은 제국주의로 인해 민족의 생명이 빼앗기고 인권이 유린당하는 일을 겪어서 평화생명권이 얼마나 중요한지 잘 알고 있어요. 우리 같은 제3세계 지식인들이 유엔 인권규약을 만들었다면 전쟁에서 생명을 지켜낼 권리, 평화생명권을 당연히 넣었을 거예요. 그래서 저는 인권의 범주를 평화생명권 그리고 유엔 인권규약에서 밝히고 있는 사회경제권과 자유시민권 이렇게 세 가지로 봅니다. 이 세 가지 범주의 인권이 잘 보장되는 나라가 되려면 한미군사동맹은 폐지되어야 합니다. 주한미군이나 한미군사동맹이 없으면 큰일 나는 게 아니라 그래야만 인권이 보장된다는 것이지요.

장 | 인권의 범주에 평화생명권을 넣어야 한다는 말씀이 가슴에 와 닿습니다. 지금도 이라크나 팔레스타인, 아프가니스탄 등 세계 분쟁 지역에서 일어난 소식을 들으면 정말 가슴이 아파요. 자기 의사와 상관없이 전쟁에 휩싸이고 수많은 사람이 죽음의 공포와 혼란 속에서 살아가잖아요. 1994년 전쟁 위기 당시 우리나라에서도 슈퍼에 쌀과 라면, 부탄가스 등이 동이 났다고 들었습니다. 일종의 패닉 상태였던 것 같아요. 평화생명권은 모든 권리에 선행하는 권리라고 생각합니다.

강 | 주한미군, 한미군사동맹이 폐지되면 평화생명권은 물론이고 사회경제권도 보장됩니다. 사회경제권이란 인간으로 살아가기 위한 물질적 조건을 부여받을 권리입니다. 2008년 OECD 팩트북^{Factbook}에 따르면 한국 국방비 부담률은 OECD 29국가 중 최고 수준이지만, 복지비는 최하위입니다. 국방비 지출이 너무 많아요. 더욱이 미군에게 퍼주는 게

장난이 아니잖아요. 이건 분단비용이에요. 그 돈이 전부 국민들이 땀 흘려 번 거니까 국민의 생활 향상을 위한 복지에 쓰이면 얼마나 좋겠어요. 요즘 대학생들 등록금 문제가 심각한데 이 돈이면 대학등록금 문제도 해결하고 남을 거예요.

장 | 복지가 잘되어 있는 다른 나라 사례를 들으면서 부러워하는 사람들이 많아요. 그런데 선생님 말씀대로라면 남의 나라 부러워할 일이 아니군요. 분단을 극복하면 복지 향상의 길도 열릴 수 있겠네요.

강 | 그뿐만이 아니라 자유시민권도 보장될 수 있습니다. 분단체제를 유지하기 위해 존재하는 국가보안법은 자유시민권을 원천적으로 가로막고 있어요. 국가보안법에 걸리지 않으려면 미국이 아무리 잘 못해도 잘한다 해야 하고, 북한이 잘하는 게 있어도 못한다고 흠집을 내야 하는 게 현실이에요. 반제, 반미는 북한이 주장하는 거고 국가 안보를 해치는 거라며 국가보안법이 제동을 걸어요. 그런 사례가 아주 많습니다.

장 | 교수님도 국가보안법으로 고초를 겪으셨잖아요. 학문 연구에 이런 법 적용을 해도 되는 것인지 정말 의문입니다. 설령 반론이 있다면 학문적 연구에 기초해 평가를 하고 논쟁을 벌이면 그만이지 이런 연구는 해서는 안 된다, 이런 연구는 적을 이롭게 한다는 식의 논리가 어떻게 성립될 수 있는지 정말 이해가 되지 않습니다.

강 | 재판정에서 이렇게 말했어요. "학문이 무엇인가? 참과 진실을 밝히는 것이 학문이다. 참을 참이라 말하고, 사실을 사실이라 말하는 것

이 학문이다. 나에게 학문의 윤리 운운하는데 국가보안법을 두고서 무슨 학문의 윤리를 논하는가? 거짓을 강요하면서 학문 윤리를 말하는 것이 어떻게 말이 되는가." 하고요. 이게 다 통일이 안 돼서 그런 거죠. 분단사회는 학자들의 학문적 윤리, 참과 진실을 추구하는 학문의 길도 가로막아요. 너무 불행한 일이지요.

주한미군, 한미군사동맹은 우리 민족을 모두 불행하게 해요. 인권을 보장받지 못하는 것은 남한만이 아니에요. 북한도 늘 평화생명권의 침해를 받고 있죠. 미국의 경제봉쇄로 사회경제권도 침해받고요. 죽고 살고 하는 마당에 북한 주민들이 자유시민권을 생각할 여력이나 있겠어요. 자유권을 스스로 옥죌 수밖에 없는 구조가 된 데는 미국의 책임을 피할 수 없어요.

주한미군은 철수하고 한미군사동맹은 폐기되어야 해요. 미국이랑 우리는 그냥 다른 나라들, 예를 들어 중국이나 영국, 베트남 이런 나라들과 친선관계를 맺듯이 그 정도로만 관계를 맺으면 돼요. 그 이상은 필요하지 않아요.

필요한 것은 우리 민족의 통일이지요. 통일이 되어야 남북이 다 함께 잘 살 수 있어요. 2009년 골드만삭스에서 발표한 보고서 〈통일한국, 북한 리스크 재평가〉에 따르면, 남북이 통일될 경우 2050년 경제 규모가 GDP 6조 5000억 달러 정도로 독일과 프랑스를 추월해서 세계 8위가 된다고 되어 있어요. 그러면서 통일비용이 많이 드는 독일식 통일 모델보다 비용도 덜 들고 경제통합 후 성장률에서도 월등한 '중국-홍콩식' 모델을 제시했어요. 남한의 자본과 기술, 북한의 노동력과 자원이 결합해 생산성 향상, 통화가치 상승 등의 시너지 효과를 가져오리라 내다보고 있습니다. 남북, 북미관계가 나빠지면 주가가 하락하고 국가신용등급이 하향 조정되지만, 통일이 되면 매우 안정되겠지요.

장 | 통일비용 걱정할 게 아니라 통일대박을 노려봐야겠네요. 조·중·동이 북한에 쌀 좀 보내는 것 가지고 '북한 퍼주기'라고 난리법석을 피워댔던 걸 생각하니 정말 한심하다는 생각이 듭니다. 이제는 좀 "미국에 퍼주는 분단비용은 우리 것이 될 수 없지만, 통일비용은 얼마가 들어도 우리 민족의 것으로 남을 거다" "통일대박이 날 거다"는 얘기가 많아졌으면 좋겠어요.

전쟁을 하고 싶어도 할 수 없는 구조 만들자

장 | 지금까지 우리에게 미국이 무엇인가라는 주제로 이야기를 나눠봤습니다. '혈맹' 즉 피로 맺어진 동맹이 아니라 '피를 부르는' 동맹이었지 않나 싶습니다. 교수님도 말씀하셨지만 앞으로 미국과 우리 관계는 다른 나라와 마찬가지로 정상적인 친선외교관계로 나아가야 할 것 같습니다. 그러자면 주한미군 철수와 한미군사동맹 폐기가 필수적이고요. 이를 위한 우리 민족의 노력이 절실합니다.

최근 북미정상회담을 전망하는 분석들이 나오고 있습니다. 북과 미국이 적대관계에서 화해관계로 변하면 주한미군이나 한미군사동맹 문제에 일정한 변화가 생길 수밖에 없다고 보는데요, 이에 대해서는 어떻게 보십니까?

강 | 먼저 북미정상회담은 '열려야만 하고 열릴 것이다'고 말씀드리고

싶습니다. 2007년 2·13합의에서, 6자회담이지만 북한과 미국이 합의했습니다. 미국이 원하는 한반도 비핵화를 북이 수용하고, 또 북이 원하는 한반도 평화보장체제를 미국이 수용했습니다. 평화체제에 대해 서로 동의한 것이죠.

1953년 7월 27일 체결된 정전협정 4조 60항은 3개월 이내 고위급 정치회담을 열어 외국군 철수와 평화체제 문제를 매듭지으라고 권고하고 있어요. 하지만 미국이 반대해 김대중 정부 이전까지 평화협정을 위한 노력은 없었죠. 그동안 북한은 해마다 수차례에 걸쳐 평화협정 문제를 이야기해왔어요. 아마 백 회도 넘을 겁니다. 이를 미국은 외면해왔고요. 그런데 이런 상황에서 어떻게 이런 큰 변화가 일어났느냐 하면 북한에서 2006년 10월에 핵실험을 했기 때문입니다. 그제야 미국도 북의 요구를 외면하면 더는 비핵화도 할 수 없고 자국의 핵 패권도 유지할 수 없다고 판단했던 겁니다.

평화체제는 전쟁을 하고 싶어도 할 수 없는 구조적 조건을 갖춘 체제입니다. 이 구조적 조건을 자세하게 합의하는 것이 평화협정이고요. 전쟁을 하려고 해도 할 수 없는 구조를 만들자면 주한미군과 한미군사동맹 문제를 다룰 수밖에 없습니다. 북이 요구하는 것은 적대정책의 철회입니다. 전쟁 위협을 근본적으로 제거하라는 건데 주한미군 철수, 한미군사동맹 폐기죠. 현재 북은 한미군사동맹 폐기는 공식적으로 주장하고 있고, 주한미군 완전철수는 말하지 않고 있어요. 근본적인 지위 변경이라고만 말하고 있지요. 주한미군은 65년 동안 이 땅에 주둔하고도 평택으로 미군기지를 이전하면 앞으로 백년 더 있겠다고 말하고 있는데, 북의 입장과 상관없이 우리와 민족 전체의 입장에서도 주한미군은 철수해야지요.

그런데 주한미군, 한미군사동맹 문제는 미국 입장에서 쉽게 결정할 수 있는 게 아닙니다. 미국의 세계 전략과 관련되었기 때문입니다. 주한미군은 동북아와 세계의 신속기동군이 되려고 하고 있어요. 대만, 인도, 아프가니스탄 등에 일련의 사태가 발생할 시 군사적으로 개입하기 위해 존재하는 것이죠. 주한미군은 단지 북한을 겨냥하기 위해서가 아니라 미국의 세계 지배 전략 차원에서 존재하고 있습니다. 그렇기 때문에 엄청난 정치적 결단이 필요해요. 외교실무협상 차원에서 이런 결론을 내릴 수는 없어요. 이런 정치적 결단을 내릴 수 있는 공간은 정상회담에서뿐입니다. 미국은 비핵화를 달성하고 북한은 평화체제를 달성하기 위해 정상이 만나는 것이지요. 그래서 정상회담은 열려야 하고 열릴 수밖에 없다고 봐요.

장| 하지만 미국의 모습을 보면 말씀하신 그런 근본적 전환보다는 현상을 유지하려는 듯이 보입니다.

강| 미국은 북미수교와 경제원조 정도로 적당히 땜질하려고 하는 것 같습니다. 하지만 북한은 평화체제를 주장하거든요. 북한이 6자회담에 돈만 주면 들어온다고 말하는 사람들도 있는데 그건 그렇지 않아요. 북한은 평화체제 달성 주장을 한 번 바꾼 적도, 그 주장에서 물러난 적도 없어요. 시간은 미국 편이 아니라고 봐요. 북의 요구에 응하지 않은 채 시간만 끌다가 북이 핵무기를 소형화하고, 대륙간탄도미사일ICBM을 개발하고 계속 진행해가면 지구촌 비핵화가 어떻게 가능하겠어요. 북은 한두 번 시련을 겪은 것도 아니니 제재를 가한다고 쉽게 물러서지 않을 겁니다.

하지만 지금 미국은 힘을 잃어가고 있잖아요. 반면에 중국이 경제적으로나 군사적으로 부상하고 있어요. 일본도 중국시장 의존도가 높아져서 이제 친미가 아니라 구조적으로 친동아시아정책을 펼 수밖에 없을 겁니다. 그러다 보면 주일 미군기지도 더는 필요하지 않은 상황이 올 수 있죠. 물론 제국주의 속성을 가진 미국이 발버둥치기는 하겠지만 장기적으로 보면 전망은 밝다고 봅니다. 민족의 평화통일을 이룰 결정적 시기가 도래하고 있는 것이지요. 6·15공동선언, 2·13합의가 우리 민족이 주체적으로 평화통일의 길을 연 사건이라면, 중국의 부상과 일본의 변화 등은 이 길을 객관적으로 더욱 활짝 열어주는 것이라고 봐요.

장│ 일시적 지체나 난관은 있을 수 있겠지만 평화체제가 달성될 수 있는 구조적 조건은 객관적으로 열리기 시작했다고 평가하시는군요.

강│ 네, 그렇습니다.

장│ 오랜 시간 인터뷰에 응해주셔서 감사합니다. 마지막으로 이 글을 읽을 젊은 세대들에게 한 말씀 부탁드립니다.

강│ 김대중과 노무현 정권을 거치면서 그나마 역사가 이성의 구현으로 나아간다고 낙관적으로 내다봤습니다. 그러나 이명박 정권이 등장하자 군부독재시대로 후퇴하는 파행을 보이고 있습니다. 특히 천안함 사건처럼 진실을 가린 채 전쟁 위기 국면으로 몰아가는 현 정권의 반역사성에 많은 사람들이 역사를 전망할 힘을 잃은 것 같습니다.

　그러나 이런 단기적인 국면에 빠져 장기적인 전망을 잃어서는 안 됩니다. 역사는 천안함사건과 같이 일시적인 일탈과 반동의 과도기를 거쳐 기필코 본궤도에 오르고 말 것이라고 봅니다. 이런 때일수록 낙관적인 전망을 잃지 말아야 합니다.

자연에서 나오고 인간에서 나온 게
자연과 인간으로 다시금 돌아가는 메커니즘이라야
원래 의미의 순환적인 경제이고 되돌림의 경제인데
그 중간에서 빼앗기는 거지요. 마치 우리가 눈 똥이 거름으로
안 가고 강이나 바다를 오염시키듯이, 자본주의 돈벌이
시스템은 인간과 자연의 생명력을 소진시키면서도
나중엔 일종의 외부불경제를 초래하는 거죠.

밥이 똥이 되고 똥이 밥이 되는

강수돌 고려대 교수

사람과 사람, 사람과 자연이 더불어 사는 세상을 열망하며 고려대 세종캠퍼스 경영학부에서 돈의 경영이 아닌 삶의 경영, 돈벌이 경제가 아닌 살림살이 경제를 연구, 강의한다. 2005년 5월부터 2010년 6월까지 5년간 조치원의 마을 이장을 하며 고층아파트 건설 반대투쟁을 이끌었다. 거시적인 사회변화가 아무리 힘들지라도 오늘도 꿋꿋이 생명의 나무 한 그루를 심는 마음으로 뚜벅뚜벅 걷는다.

저서로 《이장이 된 교수, 전원일기를 쓰다》 《내가 만일 대통령이라면》 《나무터 마을혁명》 《살림의 경제학》 등이 있다.

■ 인터뷰어_ 임승수　■ 날짜_ 2010년 3월 31일　■ 장소_ 고려대 교정

임 | 교수님은 이론적으로만이 아니라 직접 생태적 삶을 실천하고 계신 것으로 잘 알려져 있는데요. 전공이 경영학인데 경영학은 어떻게 보면 우리가 사는 자본주의 사회의 가장 첨단 학문이잖아요. 이런 학문적 배경과 생태주의가 조화롭지는 않아 보입니다.

강 | 최첨단 자본주의 사회인 미국이라고 해서 거기 시민들이 다 신자유주의 이데올로기로 무장된 것이 아니듯이, 경영학을 공부한다고 해서 다 그런 것은 아니지요. 저의 경우에는 우리 사회의 문제나 모순을 제대로 바라보면서 '이건 아니다' 반성하게 되었던 것 같습니다.

대학에 들어가서 공부하다 보니까 '이게 아니다' 싶었지요. 내가 배우고 싶었던 공부도 아니고, 이런 마음으로 공부해서는 의미 있게 살아가기도 힘들겠구나 싶어 심하게는 학교를 때려치우고 싶은 마음도 들었습니다. 그렇다고 해서 확신이 드는 대안이 있었던 것도 아니고요.

항상 머릿속에는 1970년에 분신으로 항거한 청년 전태일이 있었습니다. '대학생 친구 하나 있었으면 좋겠다'던 전태일 말이 계속 귓속을

맴돌았던 거죠. 그래, 지식인 내지 학자 중에 노동자 친구로서 정말 어려운 사람들이 어떻게 하면 삶의 전망과 희망을 가지고 살아갈 수 있을까 고민하는 이들이 있었던가. 내가 그런 연구자가 되어야겠다고 마음을 먹었던 거죠. 그래서 경영학 분야 중에서 그나마도 사람을 많이 생각하는 인사·조직·노사 쪽을 계속 공부하게 된 겁니다.

정치학이 국회의원 같은 정치가만 길러내는 과목이 아니듯이 경영학이 경영자만 길러내는 것이 아니어야 마땅하죠. 정치학이 정치현상을 학문적으로 연구하는 거라면 경영학도 경영현상을 학문적으로 연구하는 것입니다. 다만 지금까지 지배적인 패러다임은 돈벌이하는 관점에서 관리하는 자의 시각으로만 접근한 것이라면, 저는 돈벌이가 아니라 삶의 질 관점에서 일하는 사람, 노동하는 사람의 시각으로 접근하겠다는 것이죠. 접근 방법이 다른 거지요. 그렇지 않습니까? 정치학이 정치현상을 연구하는 것이고 물리학이 물리현상을 과학적으로 연구한다면 그 과학적 접근의 구체적 방법론을 규정하는 것은 연구자 철학과 시각에 따라 달라지겠죠. 제 나름대로 깃발을 새롭게 꽂는 겁니다. 그런 면에서 경영학 분야에서는 제가 소수자죠. 비주류학자 길을 가고 있지만 그것을 통해서 스스로 의미를 찾고 사회에 조금이나마 기여한다면 그걸로 보람을 느끼고 만족합니다.

파이의 원천 고민할 때

그럼 이것이 생태주의 관점과 어떻게 연결될까요? 이론적으로는 노동자들이 행복한 삶을 산다는 게 과연 뭘까. 일차적으로는 노동조합을 자유롭게 만들어서 노동문제·노동인권·노동조건·노동자로서 지위 등등을 향상, 발전시키는 데 도움이 되어야겠죠. 그런데 그간 쭉 공부해온 것과 여러 토론 내용을 정리해보니, 그렇다면 노동자들이 자본가들처럼 또는 보통 말하는 기득권 세력처럼 떵떵거리면서 잘사는 걸로 문제가 끝나는 거냐 하는 고민이 들었습니다. 만약 모든 노동자나 서민 대중이 '나도 부자가 될 수 있다' '나도 내 자식을 부자로 만들 수 있다'고만 생각하면서 산다면, 과연 그만한 자원이 이 세상에 남아 있는가 하는 문제가 떠오르는 겁니다. 자본가들은 파이 크기를 문제 삼지만 노동조합이나 노동자들은 파이의 분배를 문제 삼잖아요.

그런데 생각 안 하고 있던 주제가 하나 떠오르는 거예요. 즉, 파이의 원천 문젭니다. 파이 크기만 생각하는 깡보수 입장에 비하면 파이 분배를 얘기하는 쪽은 상당히 진보적이긴 하지요. 하지만 그걸로 문제가 끝나는 건 아니잖아요. 거기서 또 새로운 문제가 제기될 수 있습니다. 왜냐하면 자원을 끊임없이 나눠주려면 결국 파이를 끊임없이 키워야 된다는 결론이 나오니까요. 과연 이 제한된 지구 위에서 인적, 물적 자원이 무한정 조달될 수 있을까요. 따라서 이런 논쟁에 휘말릴수록, 심할 경우에 노동자도 지구 생태계를 파괴하는 공범이 될 수 있는 겁니다. 이를테면 다른 나라 자동차회사를 때려눕혀야 우리 노사가 함께 잘살 수 있는 거잖아요? 또한 인간이 자연생태계를 끊임없이 착취하고 훼손시켜야만 복지가 나아지잖아요? 결국 사회적인 약자 내지는 제3세계 같은 약자의 나라들 또는 생태적 약자로서 자연을 부단히 희생시켜야 이런 것들이 가능하다는 것이지요. 이런 관점에서 보면 노동자 집단조차도 자본을 닮아갈 수 있다는 결론에 이릅니다. 결국 핵심은 파이의 원천이라고 할 수 있어요.

이런 생각을 하다 보니, 분배의 정의나 공정성도 대단히 중요해서 잉여가치를 착취·수탈당하는 현실을 바꿔내야 하지만, 그 잉여라는 가치의 모든 원천이 인간 노동만은 아니라는 결론에 이르렀습니다. 인간이 만들어내는 물건들은 인간의 생명력이 노동 형태로 외화된 것인데, 사실은 인간의 생명력뿐만 아니라 자연의 생명력도 있는 거죠. 나무고 물이고 공기고 다 자연의 생명력입니다. 이런 입장에서 보면, 자본과 생명이 투쟁하고 있고 노동은 그 중간의 교집합이라는 결론이 나옵니다. 자본이라는 동그라미와 생명이라는 동그라미를 일부 겹치게 그린다면 그 중간에 겹치는 부분이 노동이라는 것이죠.

지금까지는 자본과 노동이 서로 투쟁하면서 공통된 지점을 찾아나가는 것이라는 관점이 대부분이었잖아요. 그것이 좁은 의미에서는 맞지만 이론적인 지평을 넓히려면 생명이라는 개념이 있어야 하는 거예요. 한쪽에는 생명Life이 있고, 다른 한쪽에는 자본Capital이 있다면, 노동 Labor은 양쪽에 다 걸쳐 있지요. 마르크스 《자본》에도 나오듯이 노동은 가변자본Variable Capital이라는 측면에서 자본의 한 모습이지요. 하지만 인간의 생명력이 외화된 것으로 보면 생명의 일부분이기도 합니다. 그러니까 자본주의 사회에서 생명과 자본의 중계자 역할을 하는 것이 바로 노동입니다. 이런 관점에서 보면 노동자는 그 자체로 숭고하다기보다는 생명의 일부로서 숭고한 모습과 아울러 생명을 훼손하는 자본의 추한 모습도 갖고 있는 것입니다. 좀 불편한 진실이지요.

제가 주목하는 것이 이런 이론입니다. 제 지도교수님은 도시에서 한 시간 정도 떨어진 시골에서 양도 키우고 사과나무도 가꾸면서 사십니다. 완전한 농부는 아니지만 일부 농부의 모습도 갖고 있는 거죠. 그걸 보면서 자연의 순환 논리, 즉 만물이 서로 관계를 맺고 있는 것처럼 나도 큰 관계 속에서, 하나의 그물망의 일부로서 겸손하고 순환적인 삶을 살아가는 것이 중요하다는 점을 배웠습니다. 내가 주변의 모든 존재에 대해서 존중하면서 살아가는 것이야말로 어쩌면 노동자들이 인간답게 살아가는 길이고, 자본가가 얘기하는 삶의 방식과 다른 대안적인 삶이라고 본 것입니다. 자본가는 부자 되는 게 목적이잖아요. 떵떵거리면서 사는 거 말이죠. 그런 것이 아니라 주변과 좋은 관계 맺으면서 마음 편하게 사는 것이, 길게 봐서는 돈이 많이 안 들면서 인간과 인간, 인간과 자연이 더불어 사는 길이지요.

이런 생각에 이르렀고 공부 끝내고 귀국해서 우연한 기회에 농협에서 하는 주말농장 7평을 1년 동안 빌려서 농사를 지었어요. 상추를 길러 먹으니까 너무 좋더군요. 어릴 때 농사짓는 부모님을 곁다리로 도와드리긴 했지만, 그때는 그런 기쁨을 몰랐죠. 농업문제를 진지하게 생각해보지도 않았고 농부가 되겠다고 결심한 것도 아니지만, 농장 가꾸기는 저에게 분명히 학문적으로나 일상생활에 변화를 가져온 큰 도전이자 계기였습니다. 그래서 기회만 된다면 시골에 가서 작은 텃밭이라도 일구면서 살아야겠다고 생각했습니다. 물론 이것 가지고 제가 세상을 얼마나 바꿀 수 있겠습니까마는 소박하게나마 나 스스로 실천하는 것이 참 중요하겠다는 생각이 들었던 거죠.

그런 생각을 하던 차에 1997년도에 고려대 세종캠퍼스로 오게 되었어요. 그래서 학교 뒤쪽 골짜기에 작은 집을 짓고 텃밭을 일구면서 지금까지 살고 있는 거죠.

손톱 밑에 낀 흙

경험이 전혀 없는 사람들은 농사가 두렵기도 하지요. 흙을 만지는 것에 감히 엄두를 못 내는데, 사실 잘 몰라서 기술이 없어서 못하는 것은 쉽게 극복할 수 있습니다. 왜냐하면 부대끼면서 배우고 책 찾아보고 관심만 조금 기울이면 쉽게 해결되거든요. 요즘 기술적으로 문제는 그렇게 어렵지 않아요. 문제는 의지입니다. 마음이죠. 그래서 내가 정말 풀벌레에 쏘이기도 하고 지렁이도 만지고 손톱 밑에 흙이 들어가는 것도 두려워하지 않고 살겠다, 이런 마음만 있으면 되는 거예요. 남들 앞에서 만날 귀족같이 살아야 되는 것도 아니고 말이죠.

박경리 선생 글이 생각납니다. 선생님이 친구를 만나러 서울에 오셨답니다. 호텔 커피숍에 앉아 친구를 기다리다가 손톱 밑에 낀 흙을 본 거예요. 당황할 법도 하지만 선생은 오히려 자신의 손을 자랑스럽고 떳떳하게 바라보았다는 내용이었습니다. 나 정말 땅과 더불어 일하다가 왔다, 손톱 밑에 낀 흙 이거 크게 당신에게 해롭지 않다, 이런 정도의 배짱은 있어야 될 것 같아요.

저는 아이들한테 밥상머리에서 만날 "밥이 똥이고 똥이 밥이다."고 합니다. 밖에다 부춛돌 놓은 잿간도 만들어놓았지요. 사각기둥 나무토막 두 개에 올라앉아 똥을 누게 하고, 앞에는 오줌 받는 통을 두었어요. 뒤에는 삽을 놓고요. 이 간이 해우소도 생태뒷간에 관한 책을 여러 권 읽고 연구해서 제 나름대로 만든 겁니다. 간편하게 뒤처리할 수 있고, 오줌은 오줌대로 똥은 똥대로 모아두었다가 이것을 낙엽이나 풀하고 섞어놓으면 1년 뒤 아주 훌륭한 퇴비가 돼요. 정말 놀라운 일이지요. 밥이 똥이 되고 똥이 다시 밥이 되는 이 순환 시스템이 작지만 내 공간에서 만약 이루어진다면, 이런 원리가 전체 경제에서도 돌아가는 것이 바람직하다고 확신할 수 있는 근거를 내 생활 속에서 찾게 되는 거니까요. 누구에게 한마디 말을 하더라도 힘이 있는 거죠. 거름 주고 거름에서 올라온 작물로 백 퍼센트 자급자족은 못할지라도 단 몇 퍼센트라도 자급한다는 즐거움이 있고요.

텃밭 가꿀 때 농약이나 제초제 안 치고 화학비료도 안 뿌리고 가급적이면 제가 만든 퇴비를 썼습니다. 그렇게 흙을 살리고 땅을 살리는 방식으로 길러낸 채소들은 시장에서 파는 거랑 달라요. 상추 하나 배추 하나무 하나도 맛이 다르죠. 시장에서 사는 배추는 씹으면 물이 팍 나오는데, 직접 기른 것은 서울 사람 기준으로는 좀 질기지만 씹을수록 고소합니다. 질긴 대신 차곡차곡 땅의 힘을 받고 자란 거라 알차죠. 그래서 조금 먹어도 제대로 먹었다는 느낌이 듭니다. 이런 게 좋은 거지요.

생태적 삶이 바꾸어놓은 교육관

생태적으로 살다 보면 애들 교육을 바라보는 관점도 달라집니다. 현재 교육 방식은 아래는 넓고 위로 갈수록 좁아지는 사다리 질서를 만들어놓고 A, B, C, D, E 등급 중에서 A, B 등급으로 올라가라고 다그치는 시스템이죠. 사실 저도 이런 시스템에서 자라왔습니다. 그러나 이런 잘못된 시스템의 정체를 정직하게 밝히고 허물어뜨려 다른 시스템으로 바꾸는 데 제 기득권을 활용하는 것이 전태일의 진정한 친구가 되는 길이라고 생각합니다. 저로서는 일종의 정당화 논리이기도 하죠. 대학교 수직 때려치우고 농부가 되는 분도 있고 경우에 따라서 스님이 되기도 하고 신부가 되는 분도 있습니다. 이렇게 다양한 형태로 실천을 하는데요, 저는 저대로 할 만큼 해보자 하는 마음이 있습니다. 언제까지 갈 수 있을지는 모르겠지만 하여튼 계속 이렇게 살고 있어요.

아이들도 자기 내면의 목소리에 맞게 키우려고 노력합니다. 2010년 현재, 큰아이는 대학 4학년이 되었을 나이인데 아직 대학도 안 간 상태고 군에 복무하고 있습니다. 10월에 제대하면 재즈피아니스트의 길을 가겠다고 하네요. 아들은 초등학교, 중학교 모두 일반 학교에서 평범하게 다녔습니다. 다만 저나 아내가 성적 문제로 아이를 압박하지 않았을 따름이죠. 중학교 2학년이 되었을 때 아들한테 앞으로 뭐 하며 살고 싶으냐고 자주 물었어요. 하루는 중학교 교장선생님이 되고 싶다는 거예요. 이유를 물어봤더니 지각해도 두들겨 패지 않고 머리 좀 길러도 빡빡 깎지 않는 제대로 된 학교를 만들고 싶어서랍니다. 그래서 제가 대안학교를 제안했지요. 마침 그 학교에서 주최하는 4박 5일간의 캠프가 있어 보냈는데 다녀와서 하는 말이 바로 자신이 만들고 싶은 학교라는 거예요. 그래서 산청간디학교에 입학해 행복한 고등학교 시절을 보낸 거죠. 시험이나 입시에 대한 압박감 없이 말입니다.

3학년 때 앞으로 어떻게 살 건지 아들한테 다시 물었어요. 재즈피아니스트가 되겠다고 하더군요. 담임선생님하고 이 문제를 상의했더니 아들은 이미 마음을 굳힌 것 같다는 거예요. 그러면서 대학로에 어떤 재즈 학원이 있는데 진학하든 안 하든 일단 거기서 기초를 배우는 게 좋겠다고 조언해주셨어요. 대안학교에서는 재즈피아노를 배울 수 없으니까요. 그래 좋다! 꼭 다른 애들과 동시에 1학년이 되어야 하는 건 아니다. 생태적인 관점에서 교육을 바라보면 느린 것은 느린 대로 가고 빠른 것은 빠른 대로 가면 되는 거 아니냐고 생각한 거죠. 고만고만하게 다 자기 여건에 맞게 살아가면 되니까요.

아들은 학원에서 1년 과정을 잘 마치고 1년 더 자기가 연습하면서 실력을 키웠어요. 그 사이 아르바이트도 했는데, 재즈음악을 틀어주는 식당에서 서빙을 했지요. 그러면서 재즈 연주가들의 연주도 듣고 견문도 넓혔죠. 그렇게 준비하다가 군에 간 겁니다. 이런 큰아들에게 바라는 게 있다면 자기만족에 그치는 음악이 아니라 슬프거나 억울하거나 좌절감에 빠진 사람들 마음을 달래고 그들에게 희망을 주는 음악을 하면 사회적으로 더 좋지 않겠느냐 하는 것입니다.

큰애를 보고 둘째, 셋째아이도 대안학교를 원해서 제천간디학교에 보냈습니다. 둘째는 고등학교 1학년이고 셋째는 중학교 3학년이죠. 제천간디학교는 학력 인정이 안 돼 만약 고등학교나 대학교에 진학하려면 검정고시를 다시 쳐야 합니다.

똥이 밥이 되고 밥이 똥이 되는 시스템

임 | 지금처럼 누가 누구를 착취하거나 수탈하는 방식이 아니라 조화롭게 사는 선순환 구조에 대해 말씀하신 것 같습니다. 그러나 이런 선순환 구조가 깨져 서로 좋은 관계를 맺을 수 없는 게 현실입니다. 이런 현실은 구체적으로 어떤 양상으로 드러나나요?

강 | 도시에서는 똥오줌을 누면 그것이 거름, 흙으로 돌아가기보다 생태순환*의 바깥쪽으로 빠져나가잖아요. 자연과학 쪽 연구자들이 똥오

★ 마치 온몸에 혈액이 잘 돌아야 건강하듯이 생태계도 부단한 순환 과정에 있어야 건강하다.

줌을 어떻게 하면 순환 메커니즘으로 들어오게 할 것인지 연구하면 좋겠습니다. 물론 화장실에서 편하고 깔끔하게 용변 보는 것도 좋긴 하죠. 하지만 똥오줌이 그냥 물로 휩쓸려 내려가는 게 아니라 우리 삶의 순환 고리 안으로 들어오게 하면 더 좋지 않겠어요? 정화조로 내려간 똥오줌은 대충 바다에 버려진다고 하더라고요. 그러면 안 되잖아요.

인간의 생명력은 노동의 형태로 표현되고 자연의 생명력은 원료나 생산수단 형태로 표현됩니다. 이 모든 요소가 어우러져서 상품이 만들

어지는데, 결국 보면 자연과 사람의 생명력의 결정체인 상품이 나중에 다시 생명순환의 고리 속으로 돌아오지 않잖아요. 순환하지 않는 거죠. 국가가 뺏어가고 자본이 뺏어가고 지주가 뺏어가고 인간이 뺏어가는 거지요. 자연에서 나오고 인간에서 나온 게 자연과 인간으로 다시금 돌아가는 메커니즘이라야 원래 의미의 순환적인 경제이고 되돌림의 경제인데 그 중간에서 빼앗기는 거지요. 마치 우리가 눈 똥이 거름으로 안 가고 강이나 바다를 오염시키듯이, 자본주의 돈벌이 시스템은 인간과 자연의 생명력을 소진시키면서도 나중엔 일종의 외부불경제*를 초래

★특정 경제 활동이 그 시스템 외부에 해를 끼치는 경우를 말한다.

하는 거죠. 그렇게 외부불경제화하는 것들이 결국 오염, 공해를 일으키고 환경·생태를 파괴합니다. 이렇게 제대로 순환되지 않는 게 우리 현실이죠.

　조금 다른 관점이긴 한데 노동의 생산성, 생산력이 산더미같이 상품을 쌓아놓잖아요. 자본주의 안에서 이것은 공짜로 얻을 수 있는 게 아니에요. 돈 즉, 구매력이 있어야 살 수 있죠. 그런데 최근 상황을 보면 구매력이 한없이 떨어지고 있어요. 비정규직이 늘어나고 실직을 해서 사람들 호주머니가 얄팍해지니까요. 이런 상황을 놓고 보면 일단 산더미같이 상품을 만들어놨는데도 양적으로도 순환이 안 되잖아요. 만들고 소화되면서 순환이 돼야 하는데 그게 안 되니까요. 좀 더 질적인 관점에서 생태순환을 보면, 인간은 자연으로 돌아가지 않는 것도 만들어냈어요. 석유화학제품 같은 것들이 대표적이죠. 유전자조작농산물GMO도 그렇고요.

　이런 사례들이 결국 사람과 자연이 순환적으로 돌아가면서 더불어 살지 못하게 하는 원인입니다. 그런데 이런 문제들을 근본적으로 고치

VOLVO

지 못하고, 그저 분배가 좀 잘됐다고 박수 쳐가면서 이 잘못된 구조를 오히려 확대재생산하는 것은 인간다운 삶을 요구하는 노동자의 논리에 맞지 않죠. 이렇게 보면 기존의 계급 설정은 너무 편협했던 게 아닌가 싶습니다. 생명계급과 자본계급의 전선 속에서 보면 말입니다. 이젠 계급 문제를 좀 더 근본적인 시각에서 바라봐야 할 것 같습니다.

임 | 《우리농업, 희망의 대안》이라는 책을 인상적으로 봤는데요, 거기서 느꼈던 것 중 하나가 도시와 농촌이 완전히 시공간적으로 분리되어 있는 시스템에서는 어떤 선순환도 이루어질 수 없겠다는 거였습니다. 한쪽은 일방적으로 소비해서 버리고, 다른 한쪽은 항상 수탈당하고 빼앗기는 쪽으로 굳어진 거죠. 그러다 보니 점점 먹을거리는 수입해오면 된다는 목소리가 강해지면서 농촌 자체가 소멸해가는 것 같습니다. 도시와 농촌의 분리 문제와 농촌의 소멸 문제에 대해 이야기해주셨으면 합니다.

강 | 도시와 농촌의 분리와 모순 문제와 더불어서 중앙집권주의적이고 국가주의적인 사고방식도 같이 고려해 얘기하면, 전 세계 200개 이상 나라가 도시와 농촌의 분리, 특히 대도시 비대화와 농촌 공동화空洞化 문제를 안고 있습니다. 이것을 극복할 유일한 대안은 간디 선생의 말처럼 전 세상을 작은 규모로(여건에 따라 만 명 단위가 될 수도 있고, 몇천 명 단위가 될 수도 있다) 쪼개 소규모의 전원마을공화국으로 재편하는 거라고 봐요. 참 요원한 일이죠. 하지만 그렇게 되면 우리가 직면한 정치·경제·사회·문화·교육을 포함한 모든 문제가 해결될 수 있는 실마리가 생길 것 같습니다. 우선 직접 민주주의에 가까운 형태로 의사결정을 할 수 있겠죠. 물론 그것이 가능하려면 주민들이 역량을 길러서 의지를 가

지고 주역으로 나서야겠지요. 큰 그림은 그렇다는 겁니다.

그뿐만 아니라 전원마을공화국이라는 것은 도시와 농촌이 하나로 합해지는 형태를 지향합니다. 그러니까 산과 강, 숲 등 자연을 즐기면서 동시에 교육이나 문화, 예술도 향유할 수 있는 곳이죠. 이런 것이 제대로 되려면 규모가 적당히 작아야 합니다. 너무 크면 직접 민주주의 방식으로 의사결정을 할 수도 없고, 관료주의로 흐를 가능성도 높지요. 규모가 적당히 작아야 서로 허심탄회하게 말을 주고받고 그러면서 친해지고 유대감도 깊어질 수 있죠. 정치·경제·사회·문화의 주인공이 되면서 서로의 아픔이나 고통도 나눌 수 있는 게 아니겠어요? 오늘날 경제가 돌아가는 것을 보세요. 내가 먹을 것은 농약 안 치지만 내가 모르는 소비자가 먹을 것에는 약 팍팍 치잖아요? 익명성의 사회라 그런 거죠. 물론 전적으로 사회 규모가 커서 이런 현상이 일어나는 것은 아니지만, 규모하고 상당히 연관이 있단 말이죠. 어쨌든 규모가 너무 커져서 그런 일들이 안 보이는 거니까요. 규모가 적절하게 작다면 동네 사람인데 어떻게 약 친 것을 먹으라고 주겠어요?

물론 규모 이전의 문제, 그러니까 철학이나 세계관의 측면에서 정말로 인간과 인간, 인간과 자연이 더불어 산다는 의식을 가지는 것이 필요합니다. 하지만 분명 규모의 문제도 무시하면 안 된다는 게 제 생각입니다. 그래서 전원마을공화국에서 특히 농업은 개인이 텃밭을 가꾸거나 소규모로 농사짓는 것은 허용하되, 그 공화국의 공적인 필요를 위해 따로 협동조합이나 공동농장을 만들어 식량자급률을 높여나갈 필요가 있습니다. 물론 좀 더 큰 규모로 만드는 것도 배제할 필요는 없겠죠.

농업은 생태적인 감수성의 문제

지금 한국의 식량자급률이 형식적으로 25퍼센트라고 합니다. 쌀 자급률이 거의 100퍼센트니까 그걸 통계에 포함시켜서 그렇게 나온 건데, 쌀을 빼면 5퍼센트밖에 안 돼요. 그 5퍼센트도 석유를 쓰고 기계를 써서 짓는 농사죠. 석유는 우리나라에서 안 나잖아요? 결국 엄밀하게 따져보면 우리나라는 식량자급이 안 된다고 봐야 해요. 그러니까 굉장히 위험한 상황에 처한 거죠. 공산품 팔아서 아무리 달러를 많이 벌어들여도 식량이 없으면 무슨 소용이 있겠습니까. 굶주림 앞에는 장사가 없잖아요.

농업문제는 가격, 안전성, 식량주권 문제들을 넘어선 우리의 생태적인 감수성의 문제이기도 해요. 왜냐하면 들판에서 낟알이 익어가고 풀벌레가 울고 개구리가 뛰어다니는 환경에서 아이들이 자라는 게 정서적으로 좋거든요. 여름휴가 받아서 쉬고 싶을 때 63빌딩으로 가진 않잖아요. 들판으로 가고 산으로 가고 강으로 가죠. 이게 다 농촌과 어촌, 산촌 등 자연을 기반으로 한 환경이 단순히 경제라는 측면을 넘어서 우리 생명의 터전이기 때문이지요.

실용적인 관점에서 값싼 외국산 먹을거리를 사 먹자고 하는데요, 그 관점에서 보더라도 가면 갈수록 식량가격이 폭등하게 되어 있습니다. 여러 가지 기후 변화, 예를 들어 토지가 줄어들고 있다든지 식량 생산력이 감소된다든지 독점자본들이 식량 공급을 독점하고 있다든지 하는 조건 때문에 앞으로 폭등하게 되어 있어요. 외국산 먹을거리에 의존할 경우 두 번째로는 먹을거리의 안전성 문제가 있지요. 광우병 문제나 멜라닌사태에서 드러나듯이 수입 농산물 또는 산업화된 농산물이 가지고 있는 위험성은 그냥 지나칠 수 없을 정도로 위협적입니다. 세 번째 문제는 식량주권이에요. 아무리 우리가 돈을 많이 주고 병든 것이라도 사 먹겠다고 해도 저쪽에서 안 팔겠다고 하면 그만이거든요. 그렇게 되면 무릎 꿇고 애원하면서 달라고 해야 될 것 아닙니까? 그야말로 식민지가 되는 거지요. 네 번째는 생태 차원의 문제인데요, 이것은 실용주의적인 차원, 그러니까 먹고 사는 생계의 차원을 넘어서는 근원적인 생명의 차원에서 얘기하는 겁니다. 그런 면에서 우리가 농업을 절대로 경시해서는 안 돼요. 그야말로 천하지대본天下之大本으로 일으켜 세워야 합니다.

그러려면 유기농법으로 농산물 공급하는 분들을 공무원 내지 공무원에 준하는 수준으로 대접해야 한다는 거죠. 이게 중요합니다. 학교 선생님도, 경찰도 공무원으로 대접하는데 왜 유기농법으로 농사짓는 농민은 공무원 하면 안 되나요? 좋잖아요. 그렇게 하면 오히려 젊은이들도 농업에 참여할 테고요. 너 혼자 농사짓고 해결하라고 하면 못하지만, 전원생활 즐기면서 농사짓고 공무원으로 보람 있게 살아가라고 하면 충분히 관심을 가질 겁니다.

저는 현재의 고용 문제도 시간의 차원과 땅의 차원 이 두 가지에서 답이 나온다고 봐요. 시간의 차원은 노동시간 줄이고 일자리를 나누는 거예요. 나 한 사람이 하던 것을 두서너 명이 나눠서 하면 되잖아요. 내가 10시간 하던 것을 5시간씩, 5시간 하던 것을 2, 3시간씩 나누면 되거든요. 효과율이 올라가면 그만큼 쪼개서 돌려줘야 내 노동의 결실이 다시 나한테 오죠. 그게 순환 논리에도 맞고요. 그렇게 삶의 질이 나아져야 맞는 거죠. 그런데 이게 안 되는 이유는 순환 중 훔쳐가는 계급이 있어서예요. 그런 짓을 못하게 하려면 우리가 소통하고 단결해야 되는데, 선거 때 표로 나오는 결과를 보면 참 한심한 수준이거든요. 그게 우리 현주소인데 어떻게 하겠어요?

그 다음은 땅의 차원이에요. 땅으로 돌아가자는 것이지요. 땅과 함께 사는 경제가 순환 경제이지요. 땅을 무시한 경제라는 게 공업화고 산업화고 서비스화거든요. 땅을 안 보겠단 뜻이고 무시하겠다는 거예요. 그런데 모든 경제의 근원은 땅이거든요. 다 흙과 물로 돌아가잖아요. 그래서 제 생각엔 유기농법으로 건강한 먹을거리(곡식, 과일, 채소 등)를 생산하는 농민을 특별 지원(땅 구입 등) 하거나 공무원으로 대우하면 아마도 의식 있는 젊은 사람들이 대거 농촌으로 몰려갈 것 같습니다. 그러면 실업 문제도 풀 수 있지요. 사실 이건 일자리 문제를 넘어선, 참된 행복과 인간다운 삶에 관한 문제입니다.

임 | 농민단체에서 활동하는 분과 얘기를 나눈 적이 있어요. 그분은 사견임을 전제로 농업을 국유화해야 한다고 말씀하시더군요. 그 외에는 농업을 살릴 방법이 없다고요. 마침 선생님도 공공의 영역에서 농업을 다뤄야 한다는 취지로 말씀하셨는데요.

강 | 기본적인 취지에는 동의해요. 그분이 그런 주장을 한 이유는 저와 거의 같을 거예요. 다만 조심해야 된다고 생각하는 것은 이렇습니다. 국유화를 통해서 효율적으로 식량문제를 해결하자는 차원을 넘어서는 게 생태적인 차원이거든요. 그래서 국유화 내지는 공영농장화 그런 개념은 그야말로 실용적인 차원에서 우리 먹을거리 문제를 안전하게 자립적으로 해결하자는 얘긴데, 그러다 보면 자칫 생태적인 차원은 빠뜨릴 수 있어요. 그렇기 때문에 땅 자체는 탈상품화해 나라에서 관리하되, 운영은 지역공동체나 마을공동체 차원에서 함께하는 것이 좋다고 생각합니다. 아울러 개인 역시 텃밭을 일구거나 집에서 소규모로 농사

를 지으면서 즐거움을 느끼고 삶을 반성하는 과정이 있어야겠지요.

임 | 농업과 토지문제를 해결하기 위해 국유화의 길로 가느냐 자치화의 길로 가느냐 하는 것은 결국 철학의 문제라는 말씀이시군요?

강 | 그렇지요. 몸으로 직접 실천하면서 최소한만 쓰려는 마음도 곁들어져야 할 것 같습니다. 기계를 쓰더라도 가급적 적게 쓰는 게 옳겠구나, 기계의 효율 논리에 빨려 들어가는 게 아니라 불가피하게 쓰지만 그렇더라도 최소한만 쓰겠다는 생각 말입니다. 사실 생명의 논리로 보자면, 기계를 통한 효율의 논리에서도 자본의 논리 냄새가 너무 뿜어져 나오지요. 그래서 오히려 기계보다는 평화의 기술, 예를 들어 호미나 괭이처럼 기계가 아닌 도구를 이용하는 것도 의미가 있습니다. 물론 정말로 우리가 식량자급률을 높이고 아사 상태를 예방하고 자립성을 높이려면 불가피하게 대규모로 농사를 짓게 된다든지 기계를 쓸 수밖에 없는 상황도 있을 겁니다. 우리 집 또는 우리 마을이 자급자족을 하도록 도우려고 그렇게 하는 거라면, 그것은 경제논리를 넘어 내 삶을 돌아보고 생명의 근원에 대해 부단히 성찰할 수 있는 과정으로 볼 필요가 있습니다.

그런데 기계로 나 혼자 다 해결할 수 있다면 이웃집 사람하고 협동을 할 필요가 없지요. 내가 좀 부족하고 결핍 상태에 있어야 품앗이라도 하고, 두레도 같이 해보자는 식으로 협동이 구조적으로 필요하게 되는 거죠. 협동이란 결핍하고 연결이 되거든요. 그런데 내가 기계로 혼자서 몇만 평 농사를 다 지어버리면 이웃에 대한 관심도 없어지지 않겠어요? 자본주의의 파편화 논리는 기계화 논리로 가기 쉽거든요. 물론 유기농

내지 정농正農 관점에서 많은 어른들이 말씀하시는 것을 보면 호미나 괭이로 땅을 일구는 것도 잘못이라고 합니다. 왜냐하면 미생물들이 흙속에서 끊임없이 일을 해서 좋은 조건을 갖추어놓는다는 겁니다. 그래서 호미나 괭이로 땅을 일구면 오히려 흙속의 생태계를 파괴하고 땅의 생산성을 떨어뜨린다는 거지요.

씨앗을 뿌려놓기만 하면 잡초하고 섞여서 엉망이 되는데 어떻게 그러느냐고 반문할 분도 있을 텐데, 그것조차도 땅의 지력이 약해져서 그렇다고 얘기합니다. 저는 아직 이런 얘기를 확신하거나 긍정하는 단계는 아니에요. 그저 풀을 뽑는데도 '풀아 미안하다' 하는 수준인데, 철저하게 수십 년간 유기농을 해온 분들이나 정농 관점에서 농사짓는 분들의 말씀을 들어보면 저는 한참 멀었죠. 저는 아무것도 아니에요. (웃음)

임 | 너무 근본주의적인 얘기처럼 들리는데요?

강 | 근본생태주의적인 관점에서 우리 삶을 돌아보면 너무 엉터리라는 거지요. 그분들에 비하면 저는 굉장히 타협하면서 살아가는 거예요. 그래서 사실 처음에 생태적으로 살고 어쩌고 했던 말들이 너무 부끄러워요. 그저 노력할 따름이지 저는 아직 아무것도 아닙니다. 그게 제 솔직한 심정이에요. 저는 운전하죠, 화학제품으로 만든 옷도 입죠, 컴퓨터 쓰면서 종이 엄청나게 쓰죠…. 이렇게 모순투성이지만, 그래도 한 가지라도 의식적으로 생각하면서 실천하려고 노력하다 보니 처음보다는 훨씬 많이 걸어왔다는 걸 알게 되겠더라고요. 예를 들면 텃밭 좀 일구어봤다고 지금은 채소 기르는 게 겁이 안 나요. 처음에는 좀 겁났죠. 내가 과연 할 수 있을지, 무엇을 언제 어떻게 심어야 할지 잘 모르겠더라고

요. 그런데 한 십 년 하다 보니, 이제 대충은 알지요.

거시적인 변화와 미시적인 실천 함께해야

임 | 예전에 신문을 읽다가 인상 깊게 본 얘기가 있어요. 박원순 변호사가 강연하면서 젊은 사람들에게 "안 굶어 죽으니까 쫀쫀하게 살지 말라."고 조언한 건데요. 저도 대학에서는 전자공학을 전공했지만, 그것과 무관하게 살아도 이렇게 굶어 죽지 않고 있거든요. 하하. 그런 측면에서 보면 우리는 한 가지 삶의 모습만 바라보면서 살아왔기 때문에, 그 궤도에서 벗어나는 것을 두려워하는 것 같습니다. 다른 방식의 삶도 가능하다는 상상이 필요할 것 같은데요, 그런 대안적 삶을 실현하기 위해 함께할 수 있는 게 뭐가 있을까요?

강 | 마을공동체운동이라든지 생활협동조합운동이라든지 더불어서 같이 농촌으로 들어간다든지 대안교육이나 대안학교만들기운동이라든지 다양한 활동이 있잖아요. 결국 이런 활동들은 먹고 사는 문제지요. 이런 문제의식을 어떻게 조직해낼 것인가를 고민해야 한다고 봐요. 거시적으로는 나라에 정책 마련을 요구하거나 소규모의 생태적인 전원마을공화국, 생태적인 자치공동체를 조직할 수도 있겠죠. 결국 표현을 어떻게 하든 거시적인 변화가 있어야겠지만, 궁극적으로는 거시적인 변화와 미시적인 실천이 함께 가야 하겠지요. 무언가 활동을 하면서 더 나은 방법을 모색해나가는 한편 먼저 대안적 삶을 시도한 다른 분들과 연대해가다 보면 길이 보이지 않을까요.

임 | 그런 고민 때문에 교수님이 마을 이장도 하시게 된 거군요?

강 | 이장을 하게 된 건 또 특수한 사정이 있었죠. 아파트 지을 땅이 아닌데 고층아파트를 억지로 지으려고 하더군요. '이건 아니다' 싶어 막는 싸움에 나섰어요. 그런데 군청에서 가짜 서류가 나오는 거예요. 토지용도변경과 관련해서 모종의 음모가 진행된 것이지요. 그 가짜 서류를 들고 도장 찍힌 사람들한테 일일이 전화해서 확인해보니까 "그런 사실이 없다."는 겁니다. 그래서 마을 총회를 열었는데 이 사실을 듣고 동네가 난리가 난 거죠. 사람들이 당시 이장을 끌어내리고 저를 새로 추대했습니다. '5·18혁명'이 우리 마을에서 일어난 거죠. (웃음)

5년간 이장생활을 하다 보니 저도 진짜 마을 주민이 된 것 같아요. 사실 그전에는 글이나 책, 강의로만 활동했지 정작 제가 사는 마을에서는 조용하게 지냈거든요. 조심스럽기도 하고. 그런데 전면에 나서 싸우면서 진짜 마을 주민이 된 거예요. 동네 어르신들, 아주머니들과 같이 어울려 데모하러 가기도 하고…. 저 자신만 보면 제가 달라진 의미 있는 과정이었어요. 아파트 건설 반대투쟁만 할 게 아니라 근원적으로는 내가 사는 마을공동체를 제대로 지키자, 단순히 지키는 것을 넘어서 좀 더 적극적으로 꾸리자, 이런 생각이 있었지요.

열심히 싸웠지만 재판에서는 졌습니다. 그래서 허옇게 시멘트 덩어리만 1천 가구 올라가 있지요. 그런데 예측을 어떻게 한 건지 분양이 거의 되지 않았어요. 그래서 돈이 안 들어오니까 창문도 못 달고 인테리어도 못 하고 결국 철수하고 말았지요. 그러니까 우리로서는 반은 이기고 반은 진 싸움이었습니다. 엄밀히 따지면, 마을은 마을대로 자본가는 자본가대로 망가진 셈이기도 하지만요. 그래서 저는 군청에 계속 요청을 했어요. 군이나 도가 돈을 합쳐 아파트를 해체하고 생태마을을 만들든지 대학타운을 만들든지 아니면 공원을 만들어라, 공적인 개발을 하는 게 바람직하다, 원래 땅이 아파트 땅도 아니다, 이렇게 주장했죠. 지금은 사실 땅이나 하늘에 대고 저 혼자 외치는 격이에요.

그러다가 지난 6월 13일부로 이장직을 그만두었어요. 비로소 두 다리를 쭉 뻗고 잘 수 있겠더라고요. 마지막 주민총회 때 주민들 앞에서 "그동안 여러모로 도와주어 감사하다"며 큰절을 올렸더니 주민들도 감사하다면서 크게 박수를 쳐주셨어요. '감사패'까지 만들어주셔서 눈물이 날 뻔했습니다.

이젠 마을도서관에서 활동할 생각입니다. 어떤 프로그램을 짤까 고민하고 있어요. 사실 프로그램은 이미 시작되었습니다. 영화도 상영되고, '마을공부방'도 운영되고 있어요. 공부방에는 마을 아이들 20여 명이 오는데, 대학생 자원봉사자들이 학기 중에 월화수목 나흘간 저녁에 1시간 반 동안 아이들 공부를 도와주고 있어요. 앞으로도 좀 더 흥미로운 프로그램이 뭘까 고민하면서 주민들, 대학생들과 함께 마을도서관을 중심으로 마을공동체 문화를 활성화하는 데 힘을 쏟고 싶어요. "한 아이를 키우는 데 온 마을이 필요하다."고 하잖아요. 아이나 어른이나 행복하게 사는 마을공동체를 만드는 데 일조하고 싶군요.

북한문제는 조심스럽게 다뤄야 해요.
상해 갔다 온 사람은 중국 사람은 술 안 먹는다 하고,
베이징 갔다 온 사람은 중국 사람은 술 잘 먹는다고 합니다.
타자에 대한 부분 지식을 전체 지식인 양 말한 거죠.
마찬가지로 북에 가서 겉핥기로 본 몇 가지 사례로
북한은 이러저러하다 단정하면 곤란하겠죠.
더욱이 우리는 대부분 분단의식,
반공 이데올로기에 오염된 상태이니까요.

북한은 우리 안의 타자

김정인 춘천교대 교수

■ 인터뷰어_ 장진숙　■ 날짜_ 2010년 6월 15일　■ 장소_ 춘천교대 교정

서울대 사범대학 역사교육과를 졸업하고, 같은 대학 인문대학 국사학과 대학원에서 석사와 박사 학위를 받았다. 현재 춘천교대 사회과교육과 교수로 재직하고 있다. 천도교 민족운동을 비롯해 근대 민족운동사를 연구해왔으며, 최근에는 근대 초등교육과 현대 대학교육 등 교육사 관련 분야와 한·중·일 간의 역사 대화 그리고 동아시아사에 관심을 갖고 있다.

저서로 《천도교 근대 민족운동 연구》가 있고, 공저로 《개벽에 비친 식민지 조선의 얼굴》《동아시아에서 역사인식의 국경 넘기》《우리 학문 속의 미국》 등이 있다.

장 | 현재의 젊은 세대들은 분단 이후에 태어났을 뿐만 아니라 오래 남북이 단절된 상태에서 살았습니다. 그러다 보니 분단 현실을 잘 느끼지 못하고, 심지어 북을 다른 나라처럼 여기기까지 하는 것 같아요. 이런 젊은 세대들이 분단의 병폐와 심각성을 인식할 때 분단을 극복하고 통일로 나아가야겠다는 의지도 갖게 되지 않을까요? 이것에 대해 어떻게 생각하시는지요?

김 | 사실 젊은 세대들에게 분단은 삶 속에 있는 것이 아니라 교과서에 있다고 해야겠지요. (웃음) 그들에게 민족 분단은 교과서에 실려 있는 과거 사건에 불과하죠. 그렇다고 해서 젊은 세대가 분단 상황을 전혀 의식하지 않고 살아간다고 단정 지을 수는 없다고 봅니다.

사람들이 어울려 살면서 공통된 역사의식이 형성되는데, 그 역사의식을 잘 살펴보면 그 속에 분단의식도 깊이 뿌리 내리고 있는 것을 확인하게 됩니다. 그러니까 평상시에 잘 드러나지 않는다고 해서 늘 생각하지 않는다고 해서 분단의식이 없다고는 말할 수 없을 것 같습니다.

내재된 분단의식

장│ 현실에서 늘 드러나지 않지만 사람들이 분단의식을 갖고 있다고 하셨는데요, 그 말을 잘 이해하려면 우선은 지적하신 정서적으로 형성된 공통 의식, 역사의식에 대해 알아야 할 것 같습니다. 그것부터 이야기해주십시오.

김│ '반일의식'을 떠올려보면 쉽게 이해될 것 같아요. 평상시에 늘 '반일의식'을 가지기는 쉽지 않아요. 일본 음식을 먹고, 일본 술을 마시고, 일본 만화에 열광하고…. 늘 자각하고 있지 않기 때문에 '반일의식'이 없다는 논리로 이야기하면, 이런 평상시 우리 삶은 '친일'이지요. (웃음) 하지만 특정한 상황이 닥치면 깊이 내재되어 있던 의식이 표출됩니다. 대표적인 예가 한일축구전이죠. 선수를 포함해서 국민이 모두 일본과 축구를 할 때는 절대로 지면 안 된다고 생각해요. '왜倭'라는 오래된 일본에 대한 비하 의식과, 일제 강점기 36년을 거치면서 더욱 강화된 반일감정과 의식이 아직까지 우리 의식 속에 확고히 자리 잡고 있는 거지요.

그런데 재미있는 건 이러한 역사의식도 시간이 지나면서 변하더라고요. 축구 이야기를 더 해볼까요? 제가 학생들에게 물어봤어요. 한국하고 일본하고 축구를 하면 당연히 한국을 응원하겠지만, "중국하고 일본하고 축구를 하면 어떡할래?" 다 중국을 응원한대요. 그 다음에 "중국하고 미국하고 하면?" 또 다 중국을 응원한대요. "남북이 하면?" 둘 다 응원한대요. 일본하고 미국하고 하면 어떻게 할 거냐고 물으니 짜증 나서 안 본대요. (웃음) 정말 재미있는 건 초등학생도 그렇게 말하고 대학생도 그렇게 대답한다는 거예요.

장 | 높아진 반미감정, 남북 화해와 협력 분위기에서 깊어진 동족의식을 읽을 수 있는 대목이군요. 축구 경기 하나로 시대에 따른 의식의 변천사를 보게 되네요. 놀랍습니다.

김 | 저는 특히 미국에 대한 인식이 변한 것에 놀랐어요. 제가 대학 다닐 때와 정말 많이 달라졌어요. 요즘 젊은 세대들은 '미국은 자기 나라 이익을 위해 살아가는 나라'라고 생각하는 것 같더군요. 미국에 대한 경계와 반감이 점점 높아지는 것은 분명해요. 예전 같았으면 상상도 못할 일이죠.

전 아직도 대학 시절인 86년 봄, 학교 도서관 앞에서 "반전반핵 양키 고홈" 구호를 외치며 시위하던 친구들 모습을 생생히 기억합니다. 저에겐 너무 충격적인 일이어서 강렬하게 각인된 거죠. 당시 우리나라는 그 정도로 '반미의 무풍지대'였거든요. 그런데 지금 학생들은 전혀 그렇지 않더군요. 2002년 월드컵 때 숭실대에서 가족들과 함께 우리나라와 독일 간의 4강전 응원을 한 적이 있어요. 전반전이 끝났을 때 숭실대 학생회에서 〈Fucking USA〉 노래를 틀었는데, 단체로 응원하러 온 초등학교 6학년 학생들이 그 노래를 따라서 부르더군요. 영어학원에서 배웠다고 해서 한참을 웃었지요. 그때 '이 아이들은 우리와 다르구나.' 하고 생각했습니다. 이처럼 역사의식은 사회 환경이 변하면서 달라지기도 하지요.

장 | 역사의식은 평소에는 잘 드러나지 않고 내재되어 있다가 특정한 상황에서 표출되는 특징이 있군요?

김 | 맞습니다. 앞서 살펴봤던 것처럼 반일의식은 평상시에는 잘 안 드러나죠. 하지만 은연중에 삶 속에서 드러납니다. 이전에 아이들이 즐겨 보던 〈뽀뽀뽀〉라는 TV프로그램이 있었어요. 거기에 인형극 시리즈 '개똥아 개똥아' 코너가 있었죠. 개똥이는 몸져누운 어머니를 지극히 간호하고, 애들이 바보라고 놀려도 웃기만 하는 소년이었어요. 그런데 일본 순사와 조선인 앞잡이가 개똥이 아버지가 독립운동가라는 이유로 개똥이를 고문하고 매질하는 장면이 종종 나와요. 그러면 개똥이는 갑자기 부들부들 떨면서 빨갛게 변한 눈으로 "이 나쁜 놈들!!" 하며 조선인 앞잡이와 일본 순사를 응징해요. 이 장면을 보면서 아이들은 박수를 치며 좋아했죠.

그런데 이 인형극을 본 러시아 유학생이 대학원 수업 시간에 문제를 제기하더군요. "우리는 2차 대전 때 침략한 독일을 이미 용서했는데, 너희는 아직도 일본을 미워하며 아침부터 어린이들에게 반일교육을 시키는 거야?" 강의를 듣던 우리 모두 그녀에게 뿌리 깊은 반일의식을 이해시키려고 했지만, 실패했던 것 같아요. 그 일로 우리의 '반일의식'이 미래의 동량이라는 어린이를 위한 프로그램에도 투영될 정도로 깊다는 걸 새삼 깨달았죠.

장 | 평상시에는 잘 드러나지 않지만 분단의식도 이처럼 내재되어 있다고 이해할 수 있겠네요. 그렇다면 분단의식은 어떤 식으로 내재되어 있을까요?

김 | 정말이지, 대한민국 국민이라면 분단이 주는 부담감에서 자유로울 수는 없을 것 같아요. 어느 대학의 학생 여론조사 결과를 보니 이명

박 정권이 들어섰을 때 학생들이 가장 우려했던 게 바로 대북정책이었대요. 이 기사를 읽고 우리 학생들에게도 한 번 물어봤죠. 같은 대답을 하더군요. 사실 저는 좀 의외라고 생각해서 그 이유를 물었어요. 그랬더니 "우리를 위협하는 문제예요."라고 대답하더군요. 남학생들은 일단 군대에 가야 할지 몰라 걱정하고, 다른 학생들도 군대에 가거나 갈 친구들이 걱정된다는 거예요. 80년대 이후 태어나 IMF체제 때 경제위기를 제외하고는 비교적 평탄하게 살아온 세대의 반응이 이렇습니다. 이명박 정권이 대북강경정책을 취하는 걸 알고 있었고, 그 때문에 잘못하다가는 전쟁이 일어날 수도 있다고 생각한 거지요. 이런 우려는 6·2 지방선거 결과로도 충분히 드러난 것 같아요. 젊은이들의 이런 반응을 알고 있었던지라 저는 북풍이 곧 역풍이 되리라고 생각했습니다. 이렇게 정치 지형을 바꿀 만큼 분단문제는 우리 의식에 깊이 자리 잡고 있어요.

저는 역사학자라서 그런지 더 민감하게 의식하는 거 같아요. 근현대사를 공부하다 보면 이 땅에서 언제든 전쟁이 일어날 수 있다는 생각에 사로잡힐 때가 있습니다. 그 전쟁은 저와 우리 가족의 운명을 우리 의지와 상관없이 바꾸어놓겠지요. 전쟁에 대한 부담감은 일상 속에서도 불쑥불쑥 튀어나옵니다. 휴대용 가스레인지를 사놓는 것도, 초를 항상 준비해놓는 것도 솔직히 말씀드리면 그런 심리의 반영이지요. (웃음) 제 자식들을 자립심 있게 키워야 한다고 생각하는데, 한국전쟁 당시 넋나간 표정으로 동생을 업고 있던 열 살 남짓한 전쟁고아의 사진을 보면서 늘 그 생각을 한답니다. 제가 너무 과민한가요. (웃음)

개인 차이는 있겠지만, 이렇듯 많은 사람이 전쟁이 일어날까 봐 불안해하면서 살아갑니다. 분단으로 인한 불안감은 특정한 상황이 닥치면

적나라하게 드러납니다. 사실 이런 걸 평상시에 항상 느끼고 있다면 얼마나 괴롭겠어요? 이러한 불안감, 공포라는 것이 살아가는 데 플러스가 되는 에너지, 긍정의 에너지가 아닌 것은 분명하죠. 그러니까 어쩌면 항상 그걸 자각하고 있는 것 자체가 병일 수도 있겠지요.

주민등록번호도 모르는 '간첩'

장 | 내재화된 분단의식이 전쟁에 대한 불안감, 공포의 형태로만 표출되는 것은 아니라고 생각합니다. 분단의식은 사회 갈등의 요인이 되기도 합니다. 분단의식은 우리 사회에서 어떻게 표출되고 있을까요?

김 | 〈경계도시 2〉라는 다큐멘터리영화를 아시나요? 그 영화 주인공이 송두율 선생님입니다. 세계적인 사회학자인 하버마스의 제자로 분단문제를 철학적인 차원에서 고민하던 분이죠. 그는 경계인을 자처하며 남과 북을 모두 알고, 오가고 싶어했습니다. 북한을 여러 번 다녀온 뒤 2003년 37년 만에 고국으로 들어오셨죠. 그런데 독일 국적을 가진 분이었는데도 정부는 북에 다녀왔다는 이유로 송 선생님을 국가보안법 위반으로 구속했어요. 언론은 '해방 이후 최대 간첩'이라는 수식어까지 써가며 마녀사냥 식으로 한 개인을 철저히 짓밟았죠. 이념 논쟁이 한바탕 폭풍우처럼 지나가는 광기의 순간들이었습니다.

선생님이 구속되었을 때 저는 석방대책위원회에서 총무 역할을 맡았어요. 그때 주변 사람들이 대부분 저의 활동을 만류했습니다. 당시엔 교수 신분이 아니었거든요. 이 일에 끼어들면 교수로 취직할 수 없다고 다들 걱정을 한 거지요. 송두율 선생님에 대한 시민사회와 지식인들의 차가운 시선 그리고 저를 향한 우려와 걱정, 이것은 모두 분단의식이 낳은 자기검열을 적나라하게 보여준 현상이었습니다. 저는 밤거리를 걷고 또 걸으면서 며칠 동안 고민했습니다. 그리고 타향을 떠돌다가 마침내 돌아온 한 지식인을 우리 잣대로만 재단하는 한국 사회가 너무 잔인하다고 생각했습니다. 결국 선생님이 석방되어 비행기를 타는 순간까지 함께했죠.

그런데 안타깝게도 그 이후 선생님은 섬에 갇힌 삶을 사시는 것 같아요. 사실 한국에 와서도 마음 놓고 사람들을 만나지 못했고 또 감옥에 갇히셨으니, 결국 섬에 계시다 독일로 돌아간 셈이지요. 보통 사람들은 상처를 받으면 주변 사람들과 이야기를 나누면서 위로를 받습니다. 그러면서 서서히 상처를 치유하는데, 선생님은 그 상처를 그대로 안고 돌아가신 거죠. 〈경계도시 2〉와 관련된 송 선생님 인터뷰 기사를 보니, 아직도 그때의 고통에서 한 발짝도 빠져나오지 못한 것 같아 가슴이 아팠습니다. 무죄가 확정되었는데도 당시에 송 선생님을 난도질한 것에 대해 전혀 사과하지 않는 언론과 아울러 엄연히 처지가 다른 그분께 지나치게 냉정했던 우리를 돌아보게 됩니다.

장 | 내재화된 분단의식은 반공주의와 결합되어 분단체제를 유지하고, 정권의 통치수단, 재생산수단으로 악용되었다고 생각합니다. 국가보안법과 함께 말이죠. 앞서 말한 송두율 교수님 사건은 비단 그분만의 사건이 아니라고 여겨지네요.

김 | 맞습니다. 간첩조작사건에 대해 들어보셨나요? 80년대 초반에 정

말 많았습니다. 전두환 정권이 광주민중항쟁 이후 공안정국을 조성하려고 만들어낸 작품들이죠. 그런데 그 피해자 대부분이 민초 중의 민초였어요. 당시 이른바 '진도간첩단사건' 구속자 중에는 재심을 요청하는 글조차 변호사 도움을 받지 못해 손수 쓴 어부도 있었어요. 맞춤법도 틀렸지만 정성 들여 써냈죠. 저랑 이름이 같은데, 이분은 결국 사형을 당합니다. 그분이 남긴 글을 읽고 있으면 눈물이 쏟아지고 분노가 치밀어 오릅니다.

간첩조작사건으로 구속된 사람들 중에는 엘리트들도 있지만 평범한 사람들도 많았어요. 최근 이런 분들이 재심을 신청해 무죄판결과 함께 국가에게서 배상도 받고 있죠. 하지만 사건이 발생한 지 수십 년이 흘러 머리 희끗한 노인이 되었거나 아예 돌아가신 다음에 억울함이 풀리면 무슨 소용이 있겠습니까? 이미 인생은 돌이킬 수 없는데요. 감옥에서 허비한 20~30대가, 자신으로 인해 풍비박산 난 가족이 원래대로 돌아오는 건 아니잖아요.

이런 분들의 재심 과정을 지켜볼 기회가 있었습니다. 자신의 주민등록번호도 기억하지 못하는 분을 간첩으로 몰아 고문한 것에 분노했고, 그 누명이 벗겨지는 것을 보지 못하고 먼저 죽은 가족을 생각하며 울부짖는 분을 볼 때는 그저 눈물만 흘렸습니다. 이런 모든 사건은 결국 분단을 이용해서 정권을 유지하려는 세력들이 만들어낸 것입니다. 무고한 사람들이 너무 깊은 상처를 입은 것에 대해 우리는 모두 가슴 아파하고 공감해야 한다고 생각합니다.

올해가 5·18광주민중항쟁 30주년이죠? 30년이나 지났건만, 여전히 폭도와 간첩들이 조종한 사건이라고 매도하는 이야기가 나오고 있어요. 반공과 결합된 분단의식이 얼마나 무서운지 느끼게 하죠. 아직도

완치되지 못한 광주의 상처를 이제는 온 국민이 함께 보듬어야 할 때라
고 봅니다.

장 | 분단의 피해는 비단 여기에서 그치지 않습니다. 이번 월드컵 당시
북의 정대세 선수가 국가가 올라갈 때 울먹였던 사진이 큰 화제가 되었
어요. 한국 국적도 가지고 있으면서 조선 국적도 가지고 있는 현실에서
비롯된 설움이 터져 나왔다는 기사를 봤습니다. 이들 또한 분단의 피해
자 아니겠습니까?

김 | 저도 분단의 가장 큰 피해 집단이 재일조선인이 아닐까 생각해요.
〈우리학교〉라는 다큐멘터리영화를 보면서 우리는 재일조선인들을 어
떻게 생각하고, 그들은 또한 우리를 어떻게 생각할지 고민해보았습니
다. 재일조선인들 중에는 끊임없이 '남이냐 북이냐'를 놓고 고민해야
하는 것이 너무 괴로워 결국 일본인으로 귀화한 이들도 있습니다. 그래
서 그들이야말로 통일을 절절히 바란다는 생각이 들었어요.

〈우리학교〉를 보면 수학여행으로 간 평양에서 조국을 느꼈다고 학
생들이 말하는 장면이 나옵니다. 정대세 선수도 그런 경우이지요. 고등
학교 3학년 때 평양으로 간 수학여행이 북한의 국가대표가 되겠다고 결
심한 계기였다고 하더군요. 2007년에 평양에 갔을 때, 마침 수학여행을
온 조선학교 학생들을 만났습니다. 나를 빤히 쳐다보는 그 눈길 너머에
어떤 생각이 있을까 궁금했지만, 아무 말도 하지 못했던 기억이 납니
다. 정말 우리 안에는 그들에 대한 동포의식보다는 차별의식이 더 강한
것은 아닌지 돌아보게 되더군요.

장 | 지금까지 분단의식이 만들어낸 산물, 폐해에 대해 이야기를 나눠 봤습니다. 이러한 분단문제 앞에서 우리가 가져야 할 태도에 대해 한 말씀 부탁드립니다.

김 | 분단 피해자들이 엄연히 있으므로 저는 우리 모두 결코 분단 현실에서 자유로울 수 없다고 생각합니다. 한국 사회만의 독특한 현실이지만, 계급·계층을 초월해서 모든 사람에게 가장 큰 영향을 미치는 문제가 분단입니다. 요즘 세계화 바람 속에서 탈민족주의에 대한 담론이 풍성하죠. 하지만 역사학자로서 저는 정당한 비판은 수용하되, 탈민족주의에 완전히 동조하지는 않습니다.

민족주의가 사회를 압도함으로써 한 사회 구성원으로서 소수자, 약자들이 배제되었다는 비판은 이제 일반적인 상식에 속합니다. 하지만 우리 사회에서는 그와 달리 분단과 민족 문제로 인해 고통받는 약자, 소수자도 여전히 존재하고 있죠. 이렇게 분단이라는 독특한 '역사와 현실'이 낳은 우리 사회의 모순에 공감하며 그 해결을 위한 '우리만의 시각'을 모색하려는 노력이 절실한 시점입니다.

강자의 시선을 거두자

장 | 분단으로 인해 남북 교류가 어렵다 보니 반목과 질시 속에서 살아 왔습니다. 이로 인해 북을 많이 오해하고 있는 것 같습니다. 그런데 더 큰 문제는 이대로 두면, 북에 대한 이런 왜곡된 지식이 상식이 되고, 결국엔 통일에 큰 걸림돌이 된다는 거죠. 우선 북에 대한 편견과 오해가

생기는 이유가 무엇이라고 생각하십니까?

김 | 우리는 강자의 시선으로 북한을 바라보는 경향이 있어요. 그러니까 우리가 그들보다 낫다는 자부심이 넘치는데, 사실 이 자부심은 반공주의로 지탱되던 대결의식에서 나온 것이죠. 상대인 북한을 비하하고 폄하하는 것에 대해 별 문제의식을 느끼지 않게 한다는 것이 더 큰 문제입니다. 세계경제체제 안에서 약자로서 북한의 현실은 고려의 대상이 아닐 때가 많아요. 약자, 소수자의 보호를 얘기할 때도 북한은 열외예요. 극우의 경우는 북한 존재 자체를 부정하며 북한에 식량과 구호물자를 보내는 것을 문제 삼기도 하지요.

보통 사람들이라고 해서 무조건 인도적 차원에서 북한을 돕자고 하는 건 아닌 듯해요. 북한의 빈곤과 경제적 어려움을 "너희들이 잘못한 거잖아."라며 인과응보 식으로 생각하는 경우가 꽤 있어요. 그래서 북한에 대한 인식에는 분열증적인 요소가 엿보여요. 동족으로 볼 때도 있고, 아닐 때도 있고 말이죠. 인류 보편의 잣대로 바라보다가 갑자기 '정치적 색안경'을 쓰고 보기도 하고.

북한 핵에 대해 사람들은 '평화를 위협하는 요소'라고 하죠. 맞는 말입니다. 그런데 전 북핵 이야기를 들으면 가끔 안중근, 윤봉길 등 독립운동 방식으로 테러를 선택한 인물들을 연상하죠. 아마도 북이 핵을 개발한 것이나 독립운동가들이 테러를 선택한 것이 약자들이 세상에 자신의 존재를 드러내는 방식이라고 보기 때문일 겁니다. 9·11사건 당시 김대중 대통령이 "테러는 인류의 적"이라고 언급했는데, 당시 독립운동사를 강의하던 저로서는 난감하더군요. 테러 방식으로 독립운동을 감행한 이들을 우리는 의사라고 부르며 서울 곳곳에 동상을 세워 기념

하고 있거든요. 외교적 언술로 치부하긴 했지만, 강자의 논리로 우리 과거를 돌아보면 당장 이런 상황에 직면하게 됩니다.

물론 '한반도 평화 실현'이라는 측면에서 북핵문제를 평화적으로 해결하는 것은 매우 중요하죠. 그런데 이명박 정부는 오히려 북한을 적대시하며 고립화시키려고 애쓰는 것 같아요. 얼마 전 베이징에 가서 들으니 우리 대사관에서 북한 음식점에 가지 말 것을 권고했다고 하더군요. 그런 음식점들이 북한의 자금줄이라고요. 참 민망했습니다. 정부뿐 아니라 순전히 우리 기준으로 북한을 비난하는 사람들도 많죠. 이것이 바로 강자의 논리예요. 북한을 북의 사회 운영 원리를 중심으로 보자는 시선이 설 자리가 별로 없죠. 우리가 강자의 논리를 계속 고집한다면 북한에 대한 선입견과 편견의 프레임만 더 완고해질 것입니다. 그 프레임을 부수어 극복하기는 어렵지 않을까요.

장 | 대부분 사람들은 북의 핵을 약자의 대항무기라기보다는 강자의 공격무기로 이해했던 것 같아요. 저도 사실은 북의 핵이 어느 정도 평화를 유지시켜주는 역할을 한다고 생각은 해요. 이라크를 봐도 그렇고요. 사실상 대량살상무기가 없어서 이라크가 침략당한 거잖아요. 무기가 있었다면 미국이 위험해서라도 못 들어갔을 텐데 말이죠. 미국은 결국 대량살상무기를 핑계로 전쟁을 터뜨리고, 국제원자력기구 IAEA 사찰단에서 대통령 궁까지 다 뒤지고 나서 한 말이 기껏 "진짜 대량살상무기는 없다."잖아요. (웃음) 그런 측면에서 북이 핵을 가지는 이유를 알 것 같아요. 최근 미국과 북의 사건 일지만 봐도 그래요. 북에 군사적 옵션을 쓸 수 없다는 판단이 들 때 미국은 오히려 평화회담, 대화를 제안했잖아요. 그런 측면에서 보면 북을 비난만 할 수 없고, 북핵 덕분에 역

PYONGYANG

설적으로 전쟁의 위험도 줄어든다는 생각이 들었어요.

김ㅣ 역설적이게도 핵이란 가장 가공할 무기로 인해 평화가 유지되고 있죠. 이게 현실입니다. 물론 궁극적으로 북핵문제는 반드시 평화적으로 해결되어야만 합니다. 대개는 문제가 생기면 원만히 해결하기 위해 우선 상대가 어떤 생각으로 그런 행동을 했는지 살펴보잖아요. 그런데 북을 바라볼 때만은 우리 생각대로 그것도 즉자적으로 반응하는 것 같습니다. 이 역시 분단의식 때문이라고 봅니다.

장ㅣ 북에 대해 즉자적으로 반응한다는 것은 곧 아전인수 격의 판단이 앞선다는 뜻일 텐데요, 그렇다면 북을 좀 더 객관적으로 이해하려면 어떻게 해야 할까요?

김ㅣ 타자들의 북한 인식을 살펴보는 것도 한 방법이지요. 《르몽드 세계사》라는 프랑스에서 나온 책이 있습니다. 이 책에서는 전 지구적 이슈와 쟁점을 키워드 104개로 제시하는데, 그중 하나가 〈핵과 기아 사이의 북한〉이란 항목입니다. 북한을 긍정적으로 주목하는 것은 아니지만, 중국·일본·인도를 비롯해 동남아시아 여러 나라와 함께 비중 있게 다룹니다. 남한은 네 마리의 용 가운데 하나라는 간단한 설명에 그치는데 말이죠. 서양 입장에서 핵을 보유하고 미국과 대결하는 북한의 행보를 비중 있게 인식하고 있다는 걸 알 수 있죠. 물론 이것은 오늘날 지구의 역학관계에서 북한이 고립된 약자, 강요된 약자라는 사실을 상징적으로 보여주는 것이기도 하지요.
　또 하나 인상적인 것이 중국인들의 '친북 감정(?)'이에요. 월드컵 개최 기간에 중국 CCTV5에서 각국 축구팀에 대한 인기투표를 했어요. 1위 아르헨티나, 2위 스페인에 이어 3위가 북한이더군요. 게다가 외국인이 드나드는 특급호텔 로비에 붙어 있던 월드컵 대진표에는 북한이 Korea로, 남한이 South Korea로 쓰어 있었어요. 우리처럼 세상 사람들이 북한을 인식하지 않는다는 걸 새삼 깨우친 경험이었습니다.

장 | 북에 대한 오해와 편견은 주로 경제와 민주주의 측면에서 볼 때 많이 생기는 것 같아요. 우리 사회에서는 더 민주화되고 경제가 성장한 것을 큰 성과로 보고 있어서 이런 관점으로 북을 바라봅니다. 이것은 앞서 말씀하신 강자의 논리와도 맞닿아 있는 것 같은데요, 이런 시각에 대해선 어떻게 생각하십니까?

김 | 우선 북을 민족으로 인식하는 것은 분명해요. 전에 학생들에게 "남한과 북한은 각각 유엔에서 인정한 개별 국가인데 왜 서로 대사관을 설치하지 않죠, 대사 교환을 해야 하는 것 아닌가요?" 하고 물어본 적이 있어요. 학생들은 단 한 번도 그런 생각을 해본 적이 없다고 하더군요. 국제관계 차원에서 보면 이런 남북관계를 '특수관계'라고 보는데, 같은 민족이라고 의식하고 있어서 우리는 전혀 문제 삼지 않는 거죠. 아마도 분단이 우리 스스로 야기한 비극이 아니라 외세가 강요한 것이라고 생각해서일 거예요. 그래서 타의로 인한 분단, 타의로 인해 제약된 자유를 당연히 되찾아야 한다는 분단 극복의식이 분단의식과 함께 우리 머리와 가슴 속에 내재되어 있는 것 아니겠어요. 일제 강점기에 함께 고초를 겪은 민족이 분단되었다는 것에 대한 깊은 회한이 역사의식에 스며들어 있을 거고요. 정서적으로는 한 민족이라고 여겨 서로를

국가로 인정하지 않기 때문에 이런 반응이 나타나는 것이죠.

이 때문에 빚어진 혼돈인지는 모르지만, 통일문제만 거론되면 바로 우리 기준, 즉 경제성장 혹은 민주화를 잣대로 들이대는 경우가 일반적 이죠. 우선 우리 경제시스템을 기준으로 통일문제를 본다는 것은 곧 북 한체제를 인정하지 않는다는 거예요. 우리식 민주화와 인권의 시선으 로 통일문제를 본다는 것도 북한체제를 인정하지 않는 거죠. 심지어 통 일을 한다는 것이 곧 북을 민주화시키는 거라고 생각하는 사람들도 있 죠. 그런데 민주주의는 하나가 아니에요. 민주주의도 여러 가지 색깔이 있을 수 있죠. 북에서도 민주주의를 말해요. 이른바 '반공색' 짙은 자유 민주주의의 색깔로만 북한을 보면서 북한에 민주주의가 없다고 우기는 것은 신중하지 못한 태도입니다. 그들이 말하는 인민민주주의가 무엇 인지 관심을 가져야 할 것 같아요.

유영구 선생님이 쓴 《남북을 오고간 사람들》이라는 책을 보면 4·19와 5·16을 전후해 북한 노동당 중앙당원들이 모여 남한 정세에 대해 격렬 하게 토론하고 결론을 내리는 과정이 나오는데, 그 부분을 읽으면서 그 들이 말하는 민주주의에 대해 생각해본 적이 있어요. 그런데 우리는 미 국식 민주주의, 유럽식 민주주의만 알고 있고, 여기에다 사회주의 정권 이 붕괴된 이유를 단순히 민주주의 사회가 아니어서라고 배웠죠. 그러 다 보니 민주주의에 대한 인식이 더욱 협소해진 거죠.

장 | 북을 우리 시선으로, 우리 잣대로 평가하는 경우가 정말 많습니다. 그런 시각이 북을 제대로 이해하지 못하게 한다고 생각합니다. 사람들 에게 북에서는 무상교육, 무상의료를 실시한다고 이야기했더니 다들 무척 놀라더군요. 그런데 오히려 북의 입장에서는 무상교육, 무상의료

를 실시하지 않는 남이 놀라울 뿐이죠. 새터민을 알게 되었는데 이분이 남쪽에 와서 가장 놀란 것이 병원에 가서 돈 내는 거였다고 하더군요. 아프면 죽으라는 거냐는 거죠. 땅이 네 것, 내 것이 있는 것을 보고서도 깜짝 놀랐다고 해요. 땅은 누가 만든 것도 아닌데 말이죠. 북과 남의 시각이 얼마나 다른지 절실히 느꼈던 일이었습니다. 이런 시각 차이를 해결하려면 어떻게 해야 할까요?

김 | 저도 북한의 초등학교 역사교육에 관한 논문을 쓰기 위해 교사 출신인 새터민을 만난 적이 있습니다. 그녀 말로는 북한 TV에서는 늘 남한의 노숙자를 보여준대요. 그런데 남한에선 굶어 죽어가는 북한 사람만 보여주더라는 거죠. 그녀는 북한에도 잘사는 사람이 많다고 이야기하더군요. 그녀의 얘기를 들으면서 황석영 씨가 쓴 책 제목처럼 북한에도 '사람이 살고 있었네'와 같은 시선이 필요하다고 생각했죠.

지금 우리 사회는 다문화사회로 가고 있어요. 다문화사회를 살려면 남을 이해하기 위해 노력해야 하고, 그런 훈련도 해야 해요. 북한 사회 그리고 북한 사람들을 볼 때도 그렇게 해야 할 겁니다. 그런데 우리 사회는 북한문제에 대해서만큼은 대단히 이중적인 잣대를 들이밀고 이데올로기적으로 바라봐요. 반공과 분단의식에 너무 많이 오염되어 있는 것이죠. 그래서 북한에 대해 이야기할 때에는 정말 늘 조심스러워요.

장 | 그런데 오히려 지식인들의 경우에는 북에 대해 환상을 가지고 있는 것이 아닌가 싶을 정도로 북을 너무 이해하고 인정하려고 하는 것 같기도 해요. 〈민족21〉 정창현 대표도 북에 대해 너무 환상을 가지지 말라고 제게 종종 이야기하세요. 이것에 대해서는 어떻게 생각하세요?

김 | '후졌다' 혹은 '맘에 안 든다'는 식의 정서적인 실망감으로 북을 판단하는 것은 적절하지 않다고 봐요. 그러한 정서가 정치적인 실천으로까지 이어지죠. 이것이 바로 냉전의식이고 분단의식이에요. 다문화 사회의 통합을 이야기하는 지식인들도 북한에 대해서는 정서적으로 냉소적이거나 무시하는 경우가 적지 않더군요. 평양을 다녀온 후 저는 북한에 대해 말하는 것이 더 조심스러워졌습니다. 북한에 대해 아는 것도 없이 평상시에 섣불리 평가하기만 한 것은 아닌지 하는 자괴감이 들었어요. 지식인들의 경우 단편적이거나 이미 이데올로기에 오염된 지식으로 북한을 쉽게 재단하고 있지 않은지 한번쯤 돌아봐야 한다고 생각합니다.

저는 지식인들이 북한을 좀 더 진중하게 대해야 한다고 생각해요. 그런데 오늘날 지식인 사회의 현주소를 보여주는 것이 바로 종북주의* 논

★ 북한의 노선을 무비판적으로 추종한다고 비판할 때 사용하는 말.

쟁이 아닐까 싶어요. 이 종북주의 문제로 민주노동당에서 진보신당이 갈라져 나올 때 당혹스러웠어요. 제 성향은 진보신당에 좀 더 가까운데, 종북이라는 자존감 없는 표현은 정말 민망하더군요. 지금까지 북한이라는 존재는 국가보안법의 엄호 아래 정권 유지 혹은 정권 투쟁의 빌미로 악용돼왔지요. 진보신당에서야 북한에 대한 인식 차이로 갈라섰다고 점잖게 말할 수 있겠지만, 결과적으로 보수우익의 행보와 무엇이 다른지 사람들을 설득하기가 쉽지 않더군요. 진보진영 역시 분단의식에서 자유로울 수 없다는 걸 보여준 사건이라고 봅니다.

다시 강조하지만, 북한문제는 조심스럽게 다뤄야 해요. 상해 갔다 온 사람은 중국 사람은 술 안 먹는다 하고, 베이징 갔다 온 사람은 중국 사람은 술 잘 먹는다고 합니다. 타자에 대한 부분 지식을 전체 지식인 양

말한 거죠. 마찬가지로 북에 가서 겉핥기로 본 몇 가지 사례로 북한은 이러저러하다 단정하면 곤란하겠죠. 더욱이 우리는 대부분 분단의식, 반공 이데올로기에 오염된 상태이니까요.

장 | 지식인들에게 던지는 따끔한 일침인데요. 그렇다면 종북주의 사태를 통해 우리가 반성해야 할 점은 무엇일까요?

김 | 우리 사회에서 이야기되는 친북, 반북, 종북은 북한과 그다지 관련이 없다고 생각합니다. 우리 사회 내부에서 통용되는 이데올로기 용어일 뿐이지요. 대부분 사람들이 갖고 있는 정서는 평화를 깨뜨리는 반북주의는 곤란하다는 거 아닐까요. 그러니까 북한을 일방적으로 몰아세우는 반북주의를 반대한다는 겁니다. 이것을 반-반북(반공)주의라고 부를 수 있겠죠. 그런 정도의 의사표현도 친북 혹은 종북이라고 비판한다면 그거야말로 경직된 사회이지요.

흡수 아닌 공존으로

장 | 이제 통일로 이야기를 옮겨가 볼까요? 통일이 되려면, 통일이 당위적인 문제가 아니라 우리가 살아가는 데 꼭 필요한 것이라고 인식할 필요가 있다고 생각해요. 어떻게 하면 통일문제를 그렇게 인식할 수 있을까요?

김 | 분단체제에 아무런 불편함을 느끼지 못하는 사람들은 통일문제에

관심이 없을 수도 있겠죠. 하지만 분단은 분명 사람들에게 불편한 거 아닐까요. 국제분쟁이 일어날 때마다 우리가 당사자가 아니라는 사실에 가슴을 쓸어내려야 할 때가 종종 있잖아요. 분단이란 상황은 분단된 그 지역이 곧 분쟁 지역이 될 수 있음을 뜻합니다. 이것은 평화롭게 살고자 하는 인간 보편의 심리에 반하는 것이며 이로 인해 사람들은 불안해합니다. 인간답게 살려면 그런 구조적인 불안을 극복할 필요가 있다는 것에는 대부분 동의하지 않을까요.

장 | 통일을 한다고 하면, 북한을 흡수하는 쪽으로 생각하는 경향이 많은 것 같습니다. 흡수통일을 중심으로 통일을 생각하게 된 배경은 뭘까요?

김 | 말씀하신 것처럼 우리의 통일 이미지는 보수적인 쪽이든 진보적인 쪽이든 관성적으로 사실상 흡수통일에 가까워요. 그것은 우리 역사의식과 밀접한 관련이 있어요. 우리는 지금껏 통일은 여러 개 국가가 하나로 되는 것이라고 배웠어요. 늘 갈등하고 싸우던 삼국을 신라가 하나의 나라로 통일했다는 거죠. 사실 신라가 통일을 이루었다는 것도 굉장히 무리한 주장이지요. 평양을 점령하지도 않았고, 고구려가 멸망한 자리에는 발해가 있었는데 말이죠. 고려도 후백제와 신라를 굴복시켜 하나의 나라로 통일했다고 배우죠. 그렇게 우리는 통일을 하나의 국가가 되는 것으로 인식한 거죠.

장 | 연방이라는 체제로 두 나라가 더불어 살 수도 있는데, 하나의 체제가 되는 통일을 중심으로 생각한 데에는 그런 역사인식이 담겨 있었군요.

김 | 역사책에서는 늘 다른 나라와 싸워서 우리 민족이 하나가 되기 위해 노력했다는 식으로 나와요. 다른 나라와 어울려 산 역사는 서술하지 않고, 늘 싸우고 당한 역사만 써놓은 거죠. 수많은 역사 사건 중에서 그런 것만을 발췌해서 엮어놓았기 때문이에요. 그런 역사의식이라면 통일은 무조건 하나의 강한 국가가 되는 것을 의미하죠. 그 논리대로라면 지금도 흡수통일이 당연한 거고요.

장 | 6·15공동선언에서 남북이 합의한 연합연방제는 그러한 흡수통일의 사고에서 벗어난 것이라고 할 수 있겠네요.

김 | 그렇지요. 연합연방제*는 분단이란 걸 훌쩍 뛰어넘어서 한쪽으로

★ 남과 북은, 나라의 통일을 위한 남측의 연합 제안과 북측의 낮은 단계의 연방 제안이 서로 공통성이 있다고 인정하고, 앞으로 이것을 중심으로 통일을 향해 나아가기로 했다.

흡수통일을 하지 않겠다고 천명한 것이라고 볼 수 있어요. 사실 한 국가에 두 체제로 살아가겠다고 거의 합의를 본 거지요. 그러면 우리의 통일 구상도 여기서부터 시작되어야 해요. 그러나 지금의 통일 이후 세계에 대한 상상은 흡수통일론적인 통일의식에 기초하고 있지요. 하지만 그러한 통일은 이제 현실적이지도 않습니다.

장 | 분단비용, 통일비용도 이야기합니다. 연합연방제를 염두에 두었을 때 통일비용 문제에는 어떻게 접근할 수 있을까요?

김 | 연합연방제 입장에서 보면 요즘처럼 북한을 방치해서는 안 돼요. 개성공단 조성과 금강산관광이 바로 연합연방제 실현을 위한 시범 사업이에요. 그런 사업이 유야무야되는 건 굉장히 위험하지요. 연합연방

제를 지향한다면 북한을 경제적 동반자로 인식하게 될 것이고, 북한 경제가 성장해 주민들 삶이 나아져야 한반도도 안정되리라는 것을 알게 될 겁니다.

통일에 관해 이야기할 때 자주 등장하는 비용 문제 역시 남한이 주도하는 흡수통일을 상상한 데서 비롯되었다고 봐요. 하지만 연합연방제에 기초해서 경제문제를 생각한다면 이건 정말 차원이 다른 문제일 수 있어요. 지금 남북관계가 나빠지면서 우리가 손을 놓고 있는 사이에 중국이 밀고 들어오고 있잖아요.

대개 사람들은 흡수통일에 익숙해져 있어서 연합연방제를 상상하기가 쉽진 않을 거예요. 하지만 지금 지구상에는 연합 혹은 연방 방식으로 국가를 운영하는 사례가 적지 않죠. 이 사례들을 참조하면서 우리식 연합연방제를 모색하면 좋을 것 같아요.

장ㅣ 서로의 삶을 존중하고 인정하면서 조금씩 통일을 향해 가고, 그 이후 미래는 후손들이 결정하도록 한다면 통일을 반대하는 사람도 없으리라는 생각이 드네요. 결론적으로 우리는 통일에 대해서 왜곡되게 인식하고 있고, 민족 구성원에 대해서도 오해하고 있는 것이지요. 우리의 공동체를 위해서 해야 할 일이 참 많다는 생각이 들어요. 마무리하면서 통일을 위해, 더 나은 삶을 위해 어떻게 해야 하는지 이야기해주세요.

김ㅣ 일단 대결이 아니라 공존에 기초해서 통일 이후를 준비하는 문화 풍토가 형성되었으면 합니다. 흡수통일을 기정사실화하고 사회적 혼란을 상상해 통일을 꺼리는 문화가 아니라, 한 국가 아래 두 체제가 공존하는 길을 닦아 나가는 문화가 만들어져야 한다고 봐요. 그러려면 공존할 상대에 대해 잘 알아야 하고 우리 기준이 아니라 그들 기준에서 그들을 이해하려는 태도가 우선 필요하겠죠. '우리 안의 타자'인 북을 어떻게 이해하고 그들과 공존할 것인지 그 구체적 방안을 마련하고 실천하려는 노력이 절실합니다.

분단과 통일은 그 자체가 혼란스러운 문제인데, 공존의 코드로 상상력을 자극해주면 머지않아 연합연방제식의 통일을 받아들이는 것이 자연스러워지리라 생각합니다. 사실 북한은 연합연방제에 대한 인식이 뚜렷하다는 인상을 받았지만, 남한에서는 아직 연합연방제가 대중화되지는 않은 것 같습니다. 여전히 흡수통일에 익숙한 편이지요. 그래서 통일문제만 놓고 보면 우리가 더 혼란스러운 거죠. 이제 통일에 대한 발상의 전환이 필요합니다. 그러면 분명 다른 세계가 펼쳐질 겁니다. 남북관계도, 한반도 주변도 달라질 거고요. 그러면 희망도 보이겠지요.

분단과 외세가 내면화된 한국 사회에서
사회주의는 적절하지 않다고 봅니다. 부르주아 민주주의를
뛰어넘으면서도 사회주의민주주의가 아닌,
즉 제3의 민주주의가 탄생되어야겠지요. 이것이 바로,
우리가 만들어가야 할 새로운 민주주의입니다.

빵과 자유는 쟁취하는 것이다

박경순 새세상연구소 부소장

1956년생. 1977년 서울대 동양사학과에 입학했다. 1983년 2학년 때 대학을 그만두고 구로, 인천 등지에서 노동운동에 뛰어들었다. 1990년대 울산에서 민주화운동을 하다가 98년 영남위원회사건으로 구속되었다. 2003년 출소한 후 한국진보운동연구소에서 소장으로 있다가 2008년 7월부터 현재까지 민주노동당 부설 새세상연구소 부소장으로 일하고 있다.

■ 인터뷰어_ 장진숙　■ 날짜_ 2010년 4월 23일　■ 장소_ 새세상연구소 사무실

장 | 많은 사람이 한국에선 민주주의가 실현되었다고 생각합니다. 하지만 현재의 한국 사회를 보노라면 과연 그런가 하는 의문이 생깁니다.

박 | 저도 역시 다시 민주주의를 얘기할 때라고 생각합니다. 현재 한국에서 민주주의란 말은 대단히 심각한 혼란에 빠져 있습니다. 그러다 보니 민주주의에 대한 냉소가 곳곳에서 드러납니다. 이명박 대통령의 당선이 대표적인 예이지요. 이명박 대통령의 당선은 '민주주의가 밥 먹여 주냐'로 표현되는 민주주의에 대한 냉소라고 생각합니다.

"민주주의가 밥 먹여 주냐?"

장 | 한국 민주주의 현주소를 어떻게 보십니까?

박 | 얼마 전에 〈경계도시 2〉를 보았습니다. 이 영화는 한국 지식인들

의 자화상을 그대로 보여주었다는 점에서 주목할 만합니다. 당시 쟁점은 송두율 교수가 과거에 북한에 가서 노동당에 입당했느냐 하는 것이었습니다. 한국의 진보적 지식인들은 이 문제에 어떻게 대응했을까요? 실망스럽게도 그들이 내놓은 해법 역시 정권의 논리와 다르지 않았습니다. 송 교수에게 사과하고 전향할 것을 요구했지요. 〈경계도시 2〉는 한국의 진보적 지식인들이, 사상과 양심의 자유가 보장된 서구 민주주의 사회에서 생활해온 해외 지식인에게 사상 전향을 강요하는 과정에서 한 지식인의 인간성이 어떻게 파괴되는가를 잘 그려놓았습니다.

이 영화는 민주주의의 기본 전제는 사상과 양심의 자유, 언론·출판의 자유라는 것을 보여줍니다. 그러나 한국은 이러한 민주주의의 기본조차 갖추어지지 않은 나라이며, 그 결과가 얼마나 반인간적인지도 들추어냅니다. 이렇게 볼 때 아직까지 한국 사회는 금기의 영역이 있는 제한된 민주주의 사회라고 할 수 있습니다. 사상전향제도*는 인간성을 가

★ 사상을 강제로 바꾸도록 하는 제도. 국가보안법도 일종의 사상전향제도이다.

혹하게 파괴하는 중세의 마녀사냥과 같은 것입니다. 그것은 민주주의의 적입니다. 사상전향제도가 존재하는 한 참된 민주주의란 없습니다.

장 | 평소 사상전향제도를 반대하고 국가보안법 철폐를 외쳐왔던 진보적 지식인들마저 사상 전향을 강요하는 것이 현재 우리 사회의 모습이군요. 참으로 안타깝습니다. 우리 사회의 민주주의에 관해 더 말씀해주십시오.

박 | 현재 한국 민주주의의 대중적 지반에 대해서도 진단해보아야 합니다. 이런 점에서 김대중, 노무현 정부 10년의 시기를 돌아볼 필요가

있습니다. 이 시기에 정치적, 제도적 측면에서 민주주의가 성장했습니다. 그런데 대중의 생존권만 놓고 보면 불평등이 더 심해진 시기이기도 하지요. 빈부 양극화도, 일자리 문제도 더 커졌습니다. 이른바 '민주정부' 시기라던 그 시절 민중은 실생활에서 그것을 몸으로 느끼지는 못했습니다. 민주정부가 "민주주의는 밥이다"는 사실을 증명해주지 못한 거지요. 그러다 보니 오히려 이 시기에 민중들의 민주주의에 대한 지지도가 떨어지고, 이로 인해 민주주의의 대중적 지반도 약해진 거죠.

1987년 직후, 우리 사회의 주요 담론 주제는 민주주의였습니다. 억압적인 독재체제 아래서 저임금, 저곡가 굴레에서 신음하던 민중은 민주주의 회복과 생존권 보장을 외치며 87년 6월항쟁*과 7~9월 대투쟁*

★1987년 6월, 대통령 직선제를 요구하는 전 국민적인 대규모 투쟁이 일어났고, 그해 7~9월에는 노동자들이 민주주의 수호와 노동권 쟁취를 외치며 거리로 나섰다.

을 펼쳤습니다. 이 과정에서 민주화시대가 열렸습니다. 이 시기 민중의 요구는 분명했습니다. 그것은 한마디로 "자유와 빵을 달라!"였습니다. 하지만 '자유'와 '빵'이 동시에 확대되는 과정으로 민주화가 진행되지는 못했습니다. 자유(정치적·절차적·형식적 민주주의)는 어느 정도 확대되었지만, 빵(실질적·내용적·경제적 민주주의)은 제자리걸음 수준이었습니다. 그 결과 민주화 담론과 생존권 담론이 분리되었습니다. 그 바람에 앞에서 말한 대로 "민주주의가 밥 먹여 주냐?"는 냉소적인 대중적 정서가 확산되었고, 민중은 민주주의보다 생존권 문제에 더 관심을 갖게 되었습니다.

인간의 존엄성에서 싹튼 민주주의

장 | 현재 한국 민주주의의 모습을 크게 두 가지로 말씀해주셨습니다. 민주주의의 기본 전제인 사상과 표현의 자유가 완전히 실현되지 못하고 있고, 민주정부 이후 오히려 민주주의에 대한 대중적 지반이 대단히 약화되었다고 진단했습니다. 그런데 이런 한국 민주주의 모습을 제대로 보려면 민주주의가 무엇인지부터 이해해야 할 것 같습니다.

박 | 보편적인 민주주의에 대해 먼저 이야기해보겠습니다. 민주주의라고 하면, 기본적인 개념과 상이 있는데요, 내용과 형식 두 측면에서 이해할 수 있습니다. 먼저 내용 측면에서 살펴보지요. 민주주의 목적은 한마디로 공동체 구성원들의 자주적인 요구와 지향, 이익을 실현하는 것입니다. 여기에서 유의할 점은 민주주의란 언제나 특정한 공동체를 전제로 하며, 공동체 구성원들의 개별적인 요구와 의사, 이익이 다르다는 것을 또한 전제로 합니다. 그렇기 때문에 구성원들을 고루 평등하게 하는 것이 매우 어려운 과제로 제기됩니다. 각자 자기의 주장과 요구만을 앞세우면 '만인의 만인에 대한 투쟁'이 벌어질 수 있고, 반대로 특정 개인이나 세력의 요구와 이익만 배타적으로 관철시키면 평등성과 공동체의 평화가 깨집니다. 이러한 문제를 해결할 해답으로 민주주의가 나온 겁니다.

형식 측면에서 민주주의는 공동체의 구성과 운영, 의사결정에 구성원들이 직간접적으로 참여하도록 하는 것입니다. 물론 이것은 시혜적인 것 즉, 전제군주들이 무언가를 하사하는 것과는 전혀 다르죠.

정리하면, 민주주의는 구성원들이 지향하는 것을 내용으로 담고, 그렇게 할 수 있도록 구성원들의 참여 절차와 방식을 갖출 때 이루어지는 것입니다.

장 | 그럼 민주주의의 기초 이념은 무엇인가요?

박 | 흔히 정치학에서는 천부인권사상과 인민주권사상을 말합니다. 천부인권사상은 인간은 태어날 때부터 평등하게 태어났고, 자유롭게 살 수 있는 권리를 부여받고 있다는 것입니다. 다시 말해 모든 인간은 사회에서 존엄 있고 평등하고 자유로운 존재로 보장받을 권리가 있다는 것입니다. 물론 모든 사람이라는 범주는 시대와 역사에 따라 다르게 이해되어 왔습니다만.

인민주권사상은 지배자와 피지배자의 동일성이 실현되는 것입니다. 민주주의는 어떤 구성원들이 자기를 지배할 수 있는 권리를 어떻게 만드는가 하는 것으로 이해할 수도 있습니다. 즉, 민주주의는 어떤 결정을 내리면 그것이 다시 자신을 구속한다는 것을 전제로 합니다. 이러한 전제가 없으면 민주주의는 형성될 수가 없어요. 사회적 질서, 규범 등이 개개인의 삶을 규정하고 구속할 수밖에 없다는 점을 인정하고, 그 대신 참여를 통해 자신의 이익이 반영되는 질서, 규범이 만들어지도록 하는 것이지요. 권리와 의무가 동시에 필요한 것이라고 보면 되겠습니다.

장 | 다소 원론적인 애깁니다만, 민주주의의 철학적 전제는 무엇인가요?

박 | 사람은 사회집단적 존재입니다. 따라서 민주주의는 개개인의 산술적 합산으로 이해할 수 없습니다. 이것을 루소는 '일반의지'라고 말

했습니다. 개별적 힘을 합하는 것은 민주주의가 아닙니다. 하지만 사회 구성원들의 공동 이익을 실현하는 것은 무척 복잡하지요. 민주주의는 사람들의 공동 이익을 찾아 사회를 통합시키는 것이라고 할 수 있습니다. 공동 이익을 찾으려면 구성원들이 평등하고 자유롭게 생각하고 말할 수 있어야 합니다. 그렇기 때문에 언론, 집회, 출판, 결사의 자유를 민주주의의 기본이라고 하는 것이지요.

장 | 민주주의 원론은 이런데, 현실에서는 원론과 많이 다르다고 생각합니다. 민주주의 또한 역사적 산물이기 때문입니다. 따라서 역사적 맥락에서 민주주의를 이해하지 않으면 오늘의 민주주의를 올바로 이해하기 어렵다고 생각합니다.

박 | 그렇습니다. 앞서 말한 민주주의에 대한 설명은 이상적인 측면이 많습니다. 이상과 현실은 같지 않죠. 지적하신 것처럼 민주주의를 현실에서 구현할 때는 많이 다릅니다. 예를 들어 고대 민주주의에서도 인민주권사상을 발견할 수 있습니다. 하지만 고대 사회에서는 노예를 인간으로 보지 않은 한계가 있습니다. 민주주의 기초는 모든 구성원이 평등한 것이고, 이런 이들의 이해와 요구를 어떻게 실현할 것인가가 핵심인데 말입니다. 하지만 현실에서는 이 부분에서 많은 문제가 발생했습니다. 계급의 이익이라는 것이 존재하기 때문입니다. 고대 사회에서 노예와 여성이 배제된 이유도 이런 맥락에서 찾을 수 있습니다.

오늘날의 부르주아 민주주의에서도 마찬가지입니다. 형식적으로는 모두 평등하다고 하지만 과연 그런가요? 계급이 있는 한, 진정한 민주주의는 없습니다. 특정한 계급 구조를 인정한 전제 아래서 논의되는 민주주의라고 보는 게 더 정확하지요. 이런 이유로 민주주의 문제를 논할 때 계급 구조는 끊임없는 연구 주제입니다.

한국 민주주의의 기원

장 | 이제 한국 민주주의에 대해 이야기해봤으면 합니다. 앞서 현재 한국 민주주의를 진단했는데요, 지금의 한국 민주주의를 제대로 이해하려면 그 뿌리와 역사를 잘 알아야 한다고 생각합니다. 먼저, 한국의 민주주의의 기원부터 말씀해주십시오.

박 | 한국 민주주의의 기원을 어떻게 설정할 것인지에 대해서는 견해가 다양합니다만, 저는 중세적인 신분사회 타파를 기준으로 이해해야 한다고 생각합니다. 그렇게 보면 민주주의 제도는 해방 이후에 정착되었지만 민주주의의 기원은 조선 말기로 거슬러 올라갈 수 있습니다. 조선 말기에 신분제, 중세기적 왕조를 타파하고 새로운 근대국가를 형성하기 위한 움직임이 다양한 형태로 존재하고 있었습니다. 갑신정변, 동학농민운동 등이 대표적인 예이지요. 따라서 저는 한국 민주주의 기원을 조선 말기로 이해하는 것이 합당하다고 생각합니다.

장 | 기원은 조선 말기라고 하나, 민주주의 절차와 제도가 마련되어 본격적으로 민주주의가 정착된 것은 해방 이후라고 할 수 있겠군요. 해방 이후 민주주의 정착 과정에 대해서도 말씀해주십시오.

박 | 말씀드린 것처럼 1945년 해방 이후 한국의 민주주의는 본격화되었습니다. 저는 개인적으로 이 시기가 한국 민주주의의 최전성기라고 생각합니다. 새로운 독립국가를 형성하는 과정에서 다양한 논의들이 쏟아지던 시기였으니까요. 다양한 이념과 기치를 든 정치세력들이 부상했고 정치 활동도 활발히 전개됐습니다. 이 과정에서 사회 구성원들의 다양한 사상과 양심의 자유, 집회·결사의 자유가 완전히 보장되었지요.

하지만 이 시기는 오래가지 못했습니다. 1945년 9월 미군이 주둔하면서 모든 상황이 달라졌습니다. 미군은 삼팔선 이남의 주권이 이 땅의 주민들이 아닌 미군에게 있다고 선언했습니다. 그런 뒤 민중의 민주주의적인 활동을 가혹하게 탄압하기 시작했습니다. 민중은 48년 8월 15일 이승만 단독정부가 수립될 때까지 미군에 맞서 피나는 투쟁을 펼칩니다. 46년 10월인민항쟁, 48년 2·7구국투쟁, 48년 제주4·3항쟁, 5·10 단선반대투쟁 등이 대표적이지요. 민중이 원한 건 친미 분단정부가 아닌 통일된 자주독립국가였기 때문이지요.

미군의 비호 아래 탄생한 이승만 단독정부는 반공·반북 정책을 폈습니다. 반공을 내세워 민중의 자유와 민주적 권리를 박탈했습니다. 이로 인해 한국 민주주의는 사망하고, 위장된 민주주의체제가 시작되었습니다.

장 | 위장된 민주주의체제란 어떤 의미인가요?

박 | 위장된 민주주의체제란 외양은 민주주의체제이지만, 실제로는 민중의 민주적 권리와 자유가 완전히 거세되고, 폭압과 독재만이 지배하

는 사회를 말합니다. 즉 이승만 정권은 선거를 치르고 삼권 분립 형태를 취했지만, 국가보안법과 반공 이데올로기로 민중의 입과 귀를 틀어막아 무조건 시키는 대로 투표를 하게 함으로써 정권의 정당성을 얻으려 했습니다. 바로 이것이 4·19혁명이 일어날 수밖에 없었던 근본적인 원인이지요.

장 | 그렇게 보면 4·19혁명은 분단 이후 민주주의 수호를 위한 대중적인 첫 투쟁이라고 말할 수 있겠군요. 하지만 4·19혁명은 미완의 혁명으로 그치고 말았지요. 그리고 군부가 5·16군사쿠데타로 국가권력을 장악하면서 독재정치를 시작했습니다. 부소장님은 그 시기에 청소년과 대학 시절을 보냈는데요, 당시 상황과 경험에 대해 말씀해주세요.

박 | 당시 사회 분위기를 말해주는 대표적인 말이 바로 "막걸리 보안법"입니다. 막걸리 보안법이 무엇이겠습니까? 술김에 정부를 비판하거나 북한을 미화하는 말을 했다가 국가보안법에 걸려들어 옥살이하는 사람들이 허다해서 그런 상황을 풍자한 말이지요. 유신시대 대표 악법이었던 긴급조치법은 3인 이상이 옥외에서 모여 집회를 하거나 시위를 할 경우 영장 없이 체포, 구금할 수 있도록 한 것입니다. 그로 인해 거리에서든 대학 안에서든 그 어떤 집회나 시위도 할 수 없었습니다.

유신독재정권의 악랄함은 이루 다 말할 수 없지요. 수많은 진보 인사가 간첩이라는 오명을 뒤집어쓰고 형장의 이슬로 사라져갔습니다. 최근 재심으로 무죄판결이 내려진 인혁당사건*이 대표적이지요. 언론·

★ 대학생들이 군사독재정권 퇴진을 요구하며 들고일어나자 1974년 4월 중앙정보부가 국가보안법 위반 등의 혐의로 23명을 구속기소한다. 이 중 8명은 사형을, 15명은 무기징역 또는 징역 15년형을 선고받았다. 사형이 선고된 8명은 대법원 상고가 기각된 지 20여 시간 만에 사형됐다.

출판·집회·결사의 자유는 상상조차 할 수 없고, 모든 신문과 방송은 공안기관의 검열을 거쳐 나왔습니다. 심지어 신문사나 방송사에 공안기관 직원들이 상주하기도 했습니다.

어디에서도 집회와 시위를 할 수 없거니와 대학 안에서도 정부를 비판하는 활동을 전혀 할 수 없었습니다. 대학 안에는 정보과 형사들과 전투경찰이 상주했고, 집회가 시작되면 채 1분도 되지 않아 사복형사들이 나타나 주동자를 체포해갔습니다. 그리고 정부를 비판하는 학내 집회를 주동하거나 적극 참여한 학생들은 바로 구속되어 1년 이상의 실형을 선고받았습니다. 심지어 대형 강의실에서 열린 학술 행사조차 정부를 비판하는 내용을 담고 있으면 불법으로 보았고, 발표자들을 모두 구속하기도 했습니다.

건강하고 진보적인 모든 문화, 예술 활동도 탄압했습니다. 양희은의 노래 〈아침이슬〉이 금지곡이었다는 사실이 이런 상황을 단적으로 말해주지요. 유신독재정권의 또 하나 특징은 노동자들을 가혹하게 착취했다는 것입니다. 당시 노동자들은 노동3권(단결권, 단체교섭권, 단체행동권)을 전혀 보장받지 못한 채 장시간 저임금 노동에 시달렸습니다. 젊음과 청춘을 희생하면서 산업재해로 죽어갔지요. 그들의 죽음을 밟고 재벌과 관료, 부동산 투기자만이 부자가 되고 잘산 지옥과 같은 사회, 암흑의 시대였습니다.

국회는 이미 민의를 대변하는 입법기관이 아니라 정부 정책에 거수기 노릇을 하는 통법부*로 전락했습니다. 사법부 역시 무소불위의 권력

★通法部. 말 그대로 법안을 제대로 검토도 안 하고 그냥 통과시키기만 한다는 뜻이다.

을 쥔 독재정권의 하수인 역할을 할 수밖에 없었습니다. 삼권 분립은 빛 좋은 개살구에 지나지 않았지요.

장 | 불과 30~40년 전의 일이라는 게 믿기지 않습니다. 요즘엔 개그프
로그램에서도 정치 풍자나 사회 비판을 하잖아요. 유신독재정권 시절
엔 이런 건 상상도 할 수 없었겠네요.

박 | 그렇습니다. 정말 상상도 할 수 없었지요. 제가 젊었을 때 사회 분
위기는 숨도 제대로 쉴 수 없을 만큼 억압적이었습니다. 그런 점에서
요즘 젊은 세대들이 부럽습니다. 물론 이명박 정부 들어 스트레스가 많
겠지만요.

장 | 민중의 저항이 없었다면 유신독재시대도 끝나지 않았을 것입니
다. 폭압적 상황에서 민중은 어떻게 저항했나요?

박 | 당시 민중은 유신독재정권에 굴종하지 않았습니다. 1974년 재야
인사들은 민주회복국민회의를 결성해 유신독재반대투쟁을 펼쳤고, 노
동자들은 노동3권 쟁취를 요구하며 민주노조운동을 전개했습니다. 특
히 1970년 전태일 분신사건은 한국노동운동사에 큰 획을 그었습니다.
전태일의 뜻을 이어받은 노동자들이 노동운동에 뛰어들고, 학생들도
노동현장으로 들어가 민주노동운동에 투신했습니다.
　70년대 유신독재시대에서 가장 크게 활약한 집단은 학생들이었습니
다. 당시 학생들은 유신 철폐를 외치며 시위와 집회를 벌였고, 정권의 실
체를 고발하는 선전·홍보 활동도 활발하게 펼쳤습니다. 그 과정에서 수
많은 이들이 고문을 당하고 의문사를 당했으며 투옥되었습니다. 74년에
일어난 민청학련사건*이 대표적이지요. 학생들은 77년까지는 학내에

서 유신반대시위를 했지만, 78년도에 접어들면서는 거리로 나서기 시작했습니다. 78년 6월 서울 지역 학생들이 모여 광화문 사거리에서 기습적으로 시위를 펼친 겁니다. 이때 수많은 시민이 학생들에게 따뜻한 지지의 눈길을 보냈고, 한국 사회는 새로운 격변의 시대로 접어들었습니다. 유신체제가 뿌리째 흔들렸고, 그것은 79년 10월 부마항쟁*으로

★1979년 10월에 부산, 마산 지역 민중이 유신체제 철폐를 외치며 항쟁한 사건을 말한다.

드러납니다. 집권세력은 부마항쟁 대응 방안을 놓고 내분에 휩싸였고, 급기야 김재규 당시 중앙정보부 부장이 박정희를 살해하는 10·26사태가 벌어지면서 유신체제는 종말을 고합니다.

진실을 가린 '박정희 신드롬'

장| 김재규의 총알이 아니었더라도 박정희 유신독재체제는 유지될 수 없었겠군요. 그런데 최근 들어 이른바 '박정희 신드롬' 현상이 생겼잖아요. 박정희가 어떤 독재자였는지, 그 독재정권이 어떻게 무너졌는지는 잊은 채 경제성장을 주도한 당사자로만 미화되고 있습니다. 이런 현상, 특히 '박정희 신드롬'에 대해 어떻게 보십니까?

박| 박정희 신드롬은 '식민지 근대화론'의 복사판입니다. 식민지 근대화론이란 일제 통치 기간에 민족의 자주권은 상실당했지만, 일제의 지배로 우리 사회가 근대화되고 경제도 발전했다는 논리죠. 이것은 일제의 식민지 통치를 합리화하는 궤변입니다. 박정희 신드롬 또한 박정희 정권이 정치적으로는 독재정치를 해서 민주주의를 억압했지만, 경제개

발정책으로 한국 경제가 고도로 성장할 수 있는 기틀을 마련했다는 논리죠. 결국 '빵 문제'를 해결해주었지 않느냐는 겁니다. 하지만 이 또한 박정희 유신독재체제를 합리화하려는 궤변입니다.

1960~1970년대에 한국 경제가 양적으로 크게 성장한 것은 사실입니다. 하지만 이것이 박정희 정권의 성과라고 말하는 것은 어불성설입니다. 길게 설명할 수 없는 것이 안타깝지만, 박정희 시대 경제성장에는 어두운 두 이면이 존재합니다. 첫 번째는 한국 경제가 자생적으로 발전할 수 있는 능력을 잃고, 끊임없이 외국 자본과 시장에 종속되어서야만 발전할 수 있는 기형적인 형태로 되었다는 점입니다. 1997년 IMF 사태는 여기서 비롯된 것입니다.

종속적인 관계는 필연적으로 국부를 해외로 유출시킵니다. 예를 들어 2001년부터 2007년 상반기까지 해외 투자자들이 우리나라에 투자한 돈은 1896억 달러인데, 투자 수익은 3309억 달러였습니다. 그리고 우리나라 투자자들이 해외에 투자한 돈은 2662억 달러인데, 투자 수익은 507억 달러였지요. 이것을 산술적으로 비교해보면 약 2800억 달러가 해외로 빠져나간 겁니다. 바로 이 때문에 수출로 벌어들인 돈이 아무리 많아도 그 돈이 이러저러한 형태로 외국인 투자자들 수중으로 흘러들어 가면 소용이 없습니다.

국부가 끊임없이 해외로 빠져나가면 국내의 분배구조가 악화됩니다. 수출 중심의 대기업과 관련된 사람들은 어느 정도 돈을 버는 반면 그렇지 않은 사람들은 더욱더 어려워지는 거죠. 이것이 바로 빈부 양극화의 원인이에요. 반면 서구 복지국가들은 반대로 해외에서 벌어들이는 돈이 많은 경제구조이지요. 그 돈의 일부가 분배구조를 개선하는 데 쓰이고, 그로 인해 복지제도를 확장시킬 수 있는 물질적 토대가 튼튼해져 복지국가로 발전할 수 있었습니다. 그러나 우리는 외형적으로 국민 소득이 2만 달러 시대로 접어들고 있으면서도 복지 후진국의 신세를 면치 못하고 있습니다.

두 번째는 노동자와 농민 등 민중의 희생이 있었다는 점입니다. 즉 저곡가정책으로 인한 농민과 농촌의 몰락, 장시간 저임금 노동에 시달린 도시 노동자들의 희생 위에 경제성장의 탑이 쌓였음을 잊어서는 안 됩니다.

장 | 그래도 박정희 정권 때 고도성장한 것이 사실이지 않느냐 주장하는 분들이 적지 않은 것 같습니다. 이에 대해서는 어떻게 보십니까?

박 | 1960~1970년대 이룬 고도성장을 박정희 정권의 성과라고 볼 수는 없습니다. 두 요인이 고도성장을 가능하게 했던 겁니다. 첫 번째는 미국의 대한반도정책입니다. 50년대 미국의 대한반도정책 핵심은 '원조'였습니다. 원조라는 말이 그럴듯하게 들리지만 사실 미국에서 버릴 수밖에 없는 잉여생산물을 우리 시장에 쏟아부은 겁니다. 왜? 안 그러면 가격이 폭락해 경제가 붕괴될 수 있으니까요. 공황에 이르고요. 그래서 미국에서는 잉여농산물을 태평양에 내다버리는 일까지 있었답니다.

골머리를 앓게 하는 그런 잉여농산물을 원조라는 이름으로 우리나라에 보낼 때 미국은 두 가지 이득을 얻었습니다. 첫째, 원조를 대가로 우리나라 정치·군사 부문을 지배할 수 있고 우리나라에서 자신들의 영향력도 확대할 수 있었습니다. 둘째, 값싼 잉여농산물을 우리 시장에 풀어놓음으로써 우리 농업구조를 붕괴시켜 미국 농산물을 지속적으로 수입하지 않으면 안 되는 경제구조로 만들어버렸지요. 장기적으로 우리나라를 미국의 농산물 수입국으로 종속시킨 겁니다. 지금 우리가 거의 대부분 농산물을 미국에서 수입해오는 현실만 봐도 알 수 있는 일이지요.

그뿐만 아니라 잉여농산물은 한국 농업을 황폐하게 만들어버렸습니다. 미국산 소고기가 쏟아져 들어오면 우리나라 축산 농가가 피해를 입고 몰락하는 것과 비슷한 상황이지요. 미국의 잉여농산물 때문에 생산비에도 못 미치는 시장가격이 형성되었고 그 때문에 농민들은 농사를 지어도 남는 것이 없는 적자 농사를 지을 수밖에 없게 된 겁니다. 그렇게 농업이 몰락해갔지요. 민중의 삶은 나날이 고됐고 결국 불만이 폭발해 4·19혁명이 일어났고, 이승만 정권이 무너진 겁니다.

더는 원조를 할 수 없게 되자 미국은 정책을 바꾸었습니다. 한국에 원조 대신 차관을 제공해 공업화하도록 했습니다. 한국을 미국의 하청 경제체제로 바꾸어놓은 것이지요. 미국 학자들이 경제개발계획의 큰 틀을 짜주었다는 사실에서도 알 수 있는 사실입니다. 그러니까 박정희 정권이 실시한 경제개발계획은 애초 미국의 머릿속에서 나온 것이었습니다. 마침내 미국은 한국 경제를 자국 경제에 종속시키는 데 성공했고, 이를 바탕으로 정치·군사 분야에까지 영향력을 확대하게 되었지요. 이렇듯이 박정희 시대의 경제성장은 자주적인 발전이 아닌 종속적인 성장의 길이었습니다.

미국이 앞장서서 서구 자본과 기술을 제공하고, 서구의 시장도 열어주었습니다. 자본과 기술, 원료와 시장, 값싼 노동력이 있는데 경제가 성장하지 않을 까닭이 있겠습니까? 2차 대전 이후 고도성장한 저개발국, 발전도상국들에 서구의 자본과 기술이 집중적으로 투여되었다는 점을 상기하면 바로 이해하실 겁니다. 최근 중국의 경우도 그러한 예지요.

　　결국 박정희 공헌이란 다름 아닌 독재체제를 통해 노동자들을 혹독하게 탄압함으로써 값싼 노동시장을 만들어준 것밖에 없습니다. 그런데도 그에게 경제성장의 공을 모두 돌린다면 그것은 노동자와 농민 등 민중은 죽어도 좋다는 반인권적, 반민중적 사고라고밖에 볼 수 없습니다. 60년대, 70년대, 80년대 공장과 농촌에서 울려 나온 고통과 울분, 분노의 신음 소리를 직접 들은 저로서는 절대로 받아들일 수 없는 주장입니다.

장 | 그렇다면 경제성장의 진정한 원인은 어디에 있을까요?

박 | 그것은 노동자와 농민 등 민중의 희생과 노력에 있습니다. 우리 민중은 그 어느 나라보다 근면하고 성실하며 재능이 있습니다. 문화와 지식수준도 높습니다. 높은 교육열과 교육 수준이 그것을 웅변해줍니다. 박정희 시대의 경제성장은 미국의 대한반도정책의 산물이지만 한국 노동자, 농민들의 희생과 노력을 빼놓고는 말할 수 없습니다. 미국의 대한반도정책은 저개발국 특히 동아시아 반공국가들에도 실시된 것입니다. 그렇더라도 각 나라의 성장 과정이 똑같지는 않았습니다. 다른 나라에 비해 우리나라가 더 성장할 수 있었던 것은 우리 노동자와 농민들이 더 열심히 노동했기 때문입니다. 그런데도 경제성장을 독재의 성과라고 말할 수 있겠습니까?

　　박정희를 미화하려는 자들은 사실은 이것을 통해 자신들의 만행과 악행을 감추고, 친일과 독재체제를 통해 얻은 부와 특권을 계속 움켜쥐려는 음흉한 의도를 가지고 있습니다. 그런데 일부 진보적인 지식인들마저 박정희를 미화하려는 자들의 논리를 무분별하게 수용하고 있어우려됩니다. 그들은 경제성장을 위해서는 자본의 구조조정과 비정규직화를 수용해야 한다고 주장하는데 이것은 전형적인 지배와 굴종의 논리이지요.

장 | 1979년 박정희가 죽었는데도 독재정치는 끝나지 않았습니다. 80년 봄 민주화의 열기도 다시 짓밟혔지요. 전두환 군사정권이 다시 들어섰고 광주민중항쟁이 일어났습니다. 광주항쟁의 배후에는 미국이 있었습니다. 이렇게 미국은 군사독재정권을 비호하고 지지해왔다는 생각이 듭니다.

박 | 그렇습니다. 과연 미국은 한국 민주주의의 친구인가 아니면 적인가 하는 질문을 던져봐야 합니다. 제가 대학 다닐 때만 해도 '친구'라는 생각이 지배적이었습니다. 광주민중항쟁 때 미군 항공모함이 부산에 정박하자 광주 민중은 열렬히 환영했습니다. 미국이 자신들의 투쟁을 지지해서 전두환 정권에 압박을 가하리라 생각했던 겁니다. 그러나 미국은 이런 민중의 염원을 짓밟았습니다. 전두환 군사독재정권을 지지, 지원하기 위해 항공모함을 정박시켰던 것입니다.

이후부터 민주화운동 진영은 한국 민주주의와 미국의 관계를 학습하고 연구하기 시작했습니다. 그리고 미국이 한국 민중과 민주주의의 수호자가 아니라 자신들의 대한반도정책을 추종, 맹종하는 정부를 구성하는 것에만 관심 있음을 알았습니다. 독재정부이든 민주정부이든 상관없이 말입니다. 미국은 오직 자신들의 이익을 위해 독재정권을 비호하고 옹호해왔습니다. 독재정권이 저지른 반민주적인 탄압을 합리화하고 합법화해주었지요. 박정희 군사쿠데타를 인정하고, 유신독재를 옹호했으며, 전두환이 저지른 광주민중항쟁을 변호하고, 전두환 군사 독재정권을 지지, 지원했습니다. 1990년대 들어서는 한반도에 전쟁 위기를 불러일으켜 민주화 진행을 가로막았고, 미국이 일으킨 전쟁에 한국군을 강제로 동원함으로써 한국의 민주주의를 파괴했습니다.

미국은 한국군에 대한 작전지휘권을 가지고 있고, 한국 정치인들은 언제나 워싱턴의 눈치만 보았습니다. 역대 통치자들은 국민의 지지와 아울러 언제나 미국의 지지를 얻고자 했지요. 국민들이 지지하지 않는 정책마저 미국의 지지를 얻으려고 추진하는 경우도 있었습니다. 이런 한미관계 아래에서는 민주주의가 꽃필 수 없어요. 미국은 한국 민주주의 발전에 도움이 되는 게 아니라 오히려 장애물입니다.

87년, 절반의 승리

장 | 한국 사회에서 민주주의, 정치구조가 달라진 계기가 바로 1987년 6월항쟁입니다. 이제 87년 민주주의 성과와 한계에 대해 이야기를 나눠봤으면 합니다. 우선 87년의 역사적 의의는 무엇이라고 생각하십니까?

박 | 87년 6월항쟁은 민중의 힘을 보여준 위대한 사건입니다. 우리 민중이 스스로 악랄한 군부독재세력들을 권좌에서 몰아내고, 민주주의를 쟁취해냈습니다. 물론 그전에 4·19혁명과 80년 광주민중항쟁도 있었습니다. 그러나 4·19혁명의 경우 이승만 정권은 몰아냈지만 바로 군부독재세력들에게 권력을 빼앗김으로써 민주화체제를 구조화하는 데는 성공하지 못했습니다. 반면에 87년 6월항쟁은 직선제를 쟁취하는 등

민주주의체제를 구조화함으로써 민주주의 시대를 열었습니다. 이런 점에서 87년 6월항쟁은 한국 민주주의 투쟁의 역사에서 민중이 거둔 첫 번째 전략적 승리라고 말할 수 있습니다.

87년 6월항쟁을 기점으로 한국 사회는 군부독재체제에서 민주주의 체제로 전환되었습니다. 대통령 직선제 실시, 언론·출판·집회·시위의 자유 확대, 지방자치제 실시, 삼권 분립 정착, 노동3권의 확대와 민주적인 노동운동의 성장, 수평적 정권교체, 개혁적 민주정부 수립 등등 민중의 민주적인 권리가 지속적으로 확대·발전했고, 이것이 구조화되었습니다. 이처럼 6월항쟁 이후 한국 사회는 이전과 질적으로 크게 달라졌습니다.

장 | 그럼 87년 이후 구축된 한국의 민주주의체제에 대해서는 어떻게 평가하십니까?

박 | 87년이 역사적으로 큰 의의를 갖는다는 것에는 대부분 사람이 공감할 것입니다. 하지만 87년 이후 구축된 한국의 민주주의체제 즉 87년 체제에 대한 평가는 다양합니다. 6월항쟁으로 새롭게 구축된 민주주의 체제의 성격과 내용에 대해 일부에서는 민주주의의 완성이라고 보고, 또 다른 사람들은 형식, 제도적 틀은 갖추어졌지만 아직도 미흡하다고 봅니다. 그렇지만 '민주화'가 한국 사회의 주된 과제였던 시기는 지났다고 보는 점에서는 두 입장이 비슷합니다. 그래서 이런 분들은 이제 민주주의 이후의 한국 사회 과제에 대해 고민해야 한다고 주장하지요.

그런데 2008년 촛불시위에서 시민 수십만 명이 모여 다시 "민주주의"를 소리 높여 외쳤습니다. 이것은 민주화 과제가 여전히 우리 사회의 주요 과제로 남아 있음을 보여줍니다. 이런 점에서 87년 직후 이룬 민주주의체제는 불완전한 것이었으며, 민중이 염원하던 진정한 민주주의체제로 보기 어렵다고 생각합니다.

장| 87년 직후 이룬 민주주의체제가 민중이 진정 염원하던 것으로 보기 어렵다고 말씀하셨는데, 좀 더 구체적인 설명 부탁드립니다.

박| 87년 6월항쟁을 통해 군부독재체제가 붕괴된 것은 맞습니다. 하지만 이후 성립된 체제가 과연 참다운 민주주의체제였을까요?

현재 우리가 누리는 모든 민주주의적인 권리와 자유는 분명 87년의 성과입니다. 하지만 정작 민중은 어떻게 느낄까요. 이전과 근본적으로 달라진 행복한 사회에서 살고 있다고 생각할까요 아니면 민주화되었다고는 하지만 이전과 별로 달라진 게 없다고 느낄까요? "민주주의가 밥 먹여 주냐?"는 조소가 우리 사회에 확산된 것을 보면 후자가 아닐까요.

반민주세력인 MB정권의 집권은 민중이 실생활에서 민주주의의 혜택을 느낄 수 없었기 때문이라고 봅니다. 민중의 실생활과 밀착되지 못한 민주주의체제, 그것이 87년체제의 특징입니다.

87년체제에 대한 민중의 불만은 대체로 다음과 같을 것입니다. 첫째, 민주화되었다고는 하지만 민중의 사회계급적 처지는 근본적으로 달라지지 않았다는 것입니다. 둘째, 먹고사는 것이 이전보다 더 나아지지 않았다는 점입니다. 셋째, 정치적 민주화조차 제대로 이루지 못했다는 것입니다. 즉, 절름발이 민주화였다는 것이지요. 87년체제는 이전의 군부독재체제를 근본적으로 갈아엎지 않은 채 그 위에 대통령 직선제와 지방자치제 등등 몇 가지 민주 제도만 덧씌워 놓은 것에 불과합니다. 국가보안법 등 각종 악법이 여전히 살아남아 민중의 입과 귀를 가렸으며, 민중을 가혹하게 탄압하던 공안기관들도 여전히 권력을 틀어쥐고 기득권 세력을 보호하고 있었습니다. '검찰공화국'이라는 말이 유행했고, 노무현 정부 시절에는 검찰이 대통령에게 대드는 현상까지 나타났습니다.

넷째, 민중이 주체적으로 참여할 수 있는 길이 배제된 절차적 민주화에 지나지 않았습니다. 즉 민중은 단순히 투표할 때에만 민주주의를 느꼈을 뿐 투표가 끝나면 다시 정치적 소외자의 신세를 면치 못했습니다.

장 | 87년체제가 이런 한계를 갖게 된 이유는 무엇일까요?

박 | 낡은 군부독재세력과 타협한 산물이기 때문입니다. 낡은 군부독재세력이 틀어쥔 정치경제적 특권을 그대로 용인한 상태에서 민주화 과정을 진행시켰지요. 그 과정에서 낡은 세력들이 민주화 과정을 왜곡시키고 지연시켰습니다. 이 때문에 87년체제는 근본적인 한계를 갖지 않을 수 없었던 것입니다. 낡은 세력들과 타협하면서 민주화 과정이 추진된 것은 87년체제를 이끌어왔던 정치세력들이 계급적, 이념적 한계를 안고 있었기 때문입니다. 그렇기 때문에 저는 87년체제를 '절반의 승리, 절반의 실패'라고 규정하고 싶습니다.

장 | '절반의 승리'라고 표현할 수밖에 없는 이유는 항쟁에 기여했던 사람들의 힘을 정치세력화하지 못했을 뿐만 아니라 정치적으로도 수렴하지 못해서라고 생각합니다. 왜 그렇게 되었을까요?

박 | 맞습니다. 항쟁에 참여했던 모든 역량을 정치세력화하고, 정치적
으로 수렴했다면 한국 민주주의 역사는 달라졌을 것입니다. 그런데 왜
그렇게 하지 못했을까요. 바로 여기에서 당시 민주화 과정을 주도했던
정치세력이 안고 있던 문제를 거론하지 않을 수 없습니다. 87년체제에
서 민주화 과정을 주도했던 이들이 김대중, 김영삼으로 상징되는 자유
주의 정치세력*이었습니다. 이들은 박정희 유신독재 시절 반정부투쟁

을 벌이면서 재야민주세력들과 손을 잡고 민주화운동을 주도했습니다.
저는 이들이 자신들의 계급적, 이념적 한계로 인해 항쟁에 참여했던 모
든 역량을 정치적으로 결집, 수렴해내고 정치세력화하는 데 실패했다
고 생각합니다.

장 | 계급적, 이념적 한계란 무엇을 말씀하시는 건가요?

박 | 이들은 첫째, 한국 민주주의와 외세와 분단의 상호관계에 대한 인
식이 결여되어 있었다고 할 수 있습니다. 한국 민주주의가 제대로 싹트
고 발전하려면 민주주의 발전을 근본적으로 막는 외세와 분단문제를
다뤄야 합니다. 하지만 이들은 이 문제에 대한 확고한 자기 입장이 없
었습니다. 낡은 지배세력은 정치적 위기에 처할 때마다 분단 상황을 악
용해 민주주의를 왜곡했습니다. 칼KAL기폭파사건에서 1990년대 간첩
단사건, 최근의 천안함사건 등 이른바 '북풍北風' 사건들을 통해서 말입
니다. 물론 김대중, 노무현 대통령이 남북 화해와 협력 정책을 실시해
분단체제를 극복하려고 노력한 것은 사실입니다. 그러나 일면이 아닌
전체적으로 보면 이 두 정권도 반공, 반북 이데올로기의 포로 상태에서

완전히 벗어났다고는 말할 수 없습니다.

앞에서 미국이 한국 민주주의에 도움이 되었는가 아니면 걸림돌이 되었는가라는 질문을 했는데 미국은 우리가 생각한 것보다 훨씬 더 깊숙이 한국 정치에 개입해왔습니다. 이것은 이제 더는 비밀이 아닙니다. 이러한 사실은 미국이 곧 한국 민중의 민주주의적인 의사결정 과정을 왜곡시키는 데도 개입했음을 말해줍니다. 그 대표적인 예가 노무현 정부 시절의 이라크 파병이며, 최근 다시 불거진 아프가니스탄 파병 건입니다. 노무현 정부 시절 한국 민중은 이라크 파병을 결사적으로 반대했고, 노무현 대통령도 도덕적으로 옳지 않은 일이라고 판단했습니다. 만약 민주적인 의사결정 방식에 따라 정상적으로 일이 진행될 수 있었다면 한국은 당연히 이라크 파병을 하지 않았어야 했습니다. 그런데 미국의 압력 때문에 굴복하고 만 겁니다. 이것이 바로 자유주의 정치세력의 한계입니다.

둘째, 자유주의 정치세력은 계급적인 한계도 안고 있었습니다. 그들은 민중이 지지 기반이라고 주장하지만 사실 그들을 지지하는 사람들은 대부분 중소자본가, 자산가였습니다. 자유주의 정치세력은 이들의 이익을 대변한다고 보는 것이 정확한 표현입니다. 따라서 민중의 힘에 의거해서 민주화를 이루어내겠다는 투철한 투쟁 의지를 가지고 있지 않았습니다. 그 때문에 6·29선언 이후 투쟁의 일선에서 물러났던 것이지요.

그 바람에 민주화운동 세력과 노동운동 세력이 결합하지 못했습니다. 저는 이것이 굉장히 불행한 일이라고 생각합니다. 두 세력이 결합했다면 한국 사회는 전혀 다른 길을 걸어갔을 것입니다. 반민주세력들의 저항을 쳐부수어 가면서 급속히 민주화를 추진할 막강한 민주화 역량을 구축할 수 있었다고 봅니다. 그뿐만 아니라 정치적, 경제적 민주화 과정이 잘 결합되어 자유와 빵이 동시에 확대되었을 것입니다. 그랬더라면 민중이 "민주주의가 밥 먹여 주냐"며 냉소하는 지금과 같은 상황에 이르진 않았을 겁니다.

민주정부 10년의 비극

장 | 지금 새로운 민주주의를 갈망하는 것은 바로 이와 같은 1987년 민주주의의 한계 때문이라고 생각합니다. 민주정부 10년도 그 한계의 연장선이라고 봅니다. 민주정부 10년을 어떻게 평가하십니까?

박 | 민주정부는 과연 정말 민주정부였는가? 저는 정말 민주정부였다고 생각합니다. 그러나 실패했다고 생각합니다. 바로 반민주정권에게 정권을 내줬기 때문입니다. 그렇다면 왜 실패했을까요?

저는 한국 민주주의를 구조적으로 제약하는 요인들을 완전히 없애버리지 못한 타협성, 우유부단성을 그 원인으로 들고 싶습니다. 민주정부는 한국 민주주의를 제약하는 세력, 체계, 제도에는 하나도 손을 못 댔습니다. 2004년 당시 열린우리당은 의석 과반수 이상을 차지하고 있었는데도 국가보안법 폐지에 실패했습니다. 아니 노태우 정권도 해낸 개정조차 하지 못했습니다. 이것은 그들의 투쟁 의지와 전략 문제를 드러냄과 함께 민주정부의 근본적인 한계를 보여주었습니다.

타협성과 우유부단성, 이것이 노무현 정부가 실패한 핵심 요인입니다. 이것은 한국 민주주의를 구체적으로 알지 못했던 무지에서 비롯된 것입니다. 현재 한국의 민주주의는 공정한 게임 룰이 통하지 않는 기형적인 체제입니다. 국가보안법을 비롯한 악법이 건재하고, 무조건적으로 기득권 세력의 이익을 옹호하는 공안기관들이 여전히 국가권력을 틀어쥐고 있습니다. 이런 현실에서 공정성이란 애초부터 존재할 수 없었습니다. 불평등한 게임 룰이 압도적인 상황에서 절차적 합리성을 절대화하면 기득권 세력에게만 유리해집니다. 이런 현실에 안주하면서 민주화를 진전시키려면 항상 타협적이고 우유부단할 수밖에 없을 것입니다. 어떤 일이 있더라도 물러서지 않겠다는 완강함, 민중의 힘을 믿고 민중과 함께 기득권 세력이 저지른 불법과 무도한 행위를 응징하겠다는 투지가 없었다는 것입니다. 이것이 노무현 정권의 비극입니다.

장 | 민주정부의 타협성과 우유부단성을 지적하셨는데요, 하지만 민주정부 시절의 가장 큰 문제는 경제적 불평등이 더 심해졌다는 것 아닐까요?

박 | 그런 면에서 보면 민주정부의 민주주의는 절차적 민주주의에 불과했어요. 절차적 민주주의가 확장·발전하면서 김대중, 노무현 정부가 등장했습니다. 민주세력과 반민주세력의 대결에서 민주세력이 정권을 잡을 수 있었던 것이지요. 그렇다면 이 상황에서 민주정부의 역사적 사명은 무엇이겠습니까? 바로 민주세력의 힘을 더욱 길러서 민주주의가 더욱 성숙되도록 하는 것이었습니다. 그러려면 민중이 민주주의를 자기 생활과 연결시키고, 구체적으로 자각할 수 있도록 해야 합니다. 이러한 측면에서 민주정부는 절차적 민주주의를 넘어서 경제적 민주주의로 확장해가야 했습니다. 경제적 민주주의로 확장하려면 노동자의 파

업권과 단결권을 보장하고, 경제적인 평등을 확장해 민중이 경제적으로 윤택하게 생활할 수 있도록 보장했어야 합니다. 하지만 노무현 정부는 신자유주의를 무분별하게 수용하면서 경제적 민주주의와는 거리가 멀어졌습니다.

장 | 신자유주의는 경제적인 문제입니다. 이를 민주주의와 연관시켜 생각하시는 이유가 무엇인가요?

박 | 한국의 신자유주의는 미국, 일본의 신자유주의와 성격이 다릅니다. 김영삼 정부 때 세계화라는 슬로건 아래 신자유주의가 본격적으로 유입됐습니다. 당시 경제기획원장이던 강만수 씨가 쓴 글에 보면, 미국이 금융 분야를 관리하겠다고 강력히 요구했을 때 자신이 어떻게 방어했는지가 무용담처럼 적혀 있습니다. 이 말이 의미하는 바가 무엇이겠습니까? 이렇게 미국을 중심으로 한 초국적 자본의 요구에 따라서 수입된 신자유주의, 미국과 초국적 자본에 종속된 신자유주의가 한국의 신자유주의라는 것입니다. 그것의 결정판이 바로 한미자유무역협정FTA입니다. 한미자유무역협정은 한국 법률에까지 영향을 미칩니다. 결국 한국의 국민 주권이 왜소해지는 것입니다. 우리 사회에서 발생한 모든 정치경제적 문제들에 국민들이 참여해 결정할 수 있는 주권(민주주의적 권리)을 초국적 독점자본이 강탈해가기 때문이지요. 신자유주의는 이렇게 민주주의 자체를 위협해 들어옵니다. 시간이 갈수록 국민의 자주적인 권리는 더욱 위축될 것입니다. 그렇기 때문에 신자유주의는 민주주의와 떼어놓고 생각할 수 없습니다.

욕망을 딛고 선 이명박 정부

장 | 지금까지 민주정부 10년에 대해 이야기를 나누었습니다. 이제 이명박 정부에서 민주주의의 문제에 대해 이야기해봤으면 합니다.

박 | 현재 한국 정치의 상황은 1968년 이후 상황과 유사합니다. 이명박은 68년 이후 세대입니다. 4·19혁명 이후 형성된 세력이 68년 이후 재결속되었는데, 이때 한국에서는 욕망의 정치가 펼쳐졌습니다. 유신독재세력은 이를 기반으로 집권했지요. 유신독재세력은 비록 총칼을 앞세우긴 했으나, 70~80퍼센트가 선거로 집권했다는 사실을 간과해서는 안 됩니다. 또한 개발의 붐, 성장신화 속에서 많은 국민이 이들을 지지했습니다. 그 바람에 전 사회적으로 성장에 대한 기대감, 황금만능주의가 확산되었던 반면, 한국의 민주주의는 암흑의 길을 걸었습니다. 이명박은 이때 개발을 주도한 대표적인 기업 '현대'에서 성장한 사람입니다. 이 경험이 이명박 대통령을 지배하고 있다고 생각합니다.

민주 역량이 성숙된 현재에 당시와 같은 상황이 되풀이되고 있다는 것이 문제입니다. 대통령이라는 사람이 전과자입니다. 도덕이 붕괴되고 있는데도 사람들은 이러한 상황을 개탄조차 하지 않고 있습니다. 여기에 바로 한국 정치의 위기가 있습니다.

장 | 그 요인을 어디에서 찾아야 할까요? 무조건 대중의 의식 탓으로만 돌릴 수 없을 것 같은데요.

박 | 저는 민주화 세력들의 자기 성찰이 필요한 시점이라고 생각합니

다. 민주화 세력들이 자신들의 한계로 대중이 가지고 있던 기존의 의식과 활동을 확장시키지 못해 현재와 같은 상황이 벌어졌다고 생각합니다. 그래서 꿈과 비전에 들어설 공간에 욕망이 들어간 것이지요. 지난 총선 때 서울시에서 불었던 뉴타운 열풍이 그것을 말해줍니다. 이 정책은 분명히 특정계급에게 이익과 혜택을 주는 것인데도 대중은 왜 이 열풍에 휩싸였을까요? 약간의 콩고물이 떨어지지 않을까 하는 환상에서 비롯된 바람 때문입니다.

이러한 현실에서 다시 민주주의를 회복해 확장·발전시키려면, 대중에게 민주주의라는 새로운 신념·기대 등을 만들어주어야 합니다. 그렇지 않으면 단결과 투쟁의 과정에서 일시적이고 부분적인 승리는 있겠지만, 한국 민주주의가 확장·완성되기는 어렵습니다.

장 | 이명박 정부가 들어서면서 냉전의식과 반공주의도 다시 부활했습니다. 역사의 시계가 거꾸로 돌아가는 게 아닌가 하는 생각이 듭니다.

박 | 이명박 정부를 탄생시킨 정치세력은 구 보수우익세력(전통적인 반공·반북세력)과 뉴라이트 세력(신 반공·반북세력)입니다. 반공·반북 이념을 앞세운 이들은 반북대결정책을 펼쳐 북한체제를 붕괴시키고자 합니다. 단지 신봉이 아니라 그런 생각을 현실에서 관철해보려는 야망도 품고 있습니다. 미국의 네오콘* 세력과 거의 유사한 집단입니다.

★1970년대에 생겨나서 1980~1990년대를 거쳐 현재까지 미국 정계에서 많은 이들의 지지를 얻고 있는 신보수주의다. 레이건, 조지 부시 등이 대표적인 인물이다.

이들은 한국 사회가 민주화되는 것에 불만을 품고 있으며, 특히 반공·반북 이데올로기가 무너지고 남북이 화해·협력해 자주통일시대가 열리는 것에 대해 본능적으로 거부합니다. 그렇기 때문에 정권을 잡자

퇴
진

하
라

마자 냉전적인 반공주의를 부활시키기 위해 온갖 노력을 다했습니다.
그 결과 우리 사회에서는 새삼스럽게 반공 이데올로기가 되살아나고,
화해와 협력을 지향하던 남북관계도 파탄 나 격하게 대립하는 상황에
이르렀습니다.

장ㅣ 반공주의나 욕망의 정치나 계속 유지되기는 어려울 듯합니다. 그
렇다면 보수세력의 정치 기반도 약화될 수밖에 없으리라 생각되는데요.

박ㅣ 천안함사건은 여전히 우리 사회가 보수반공체제로 유지되고 있다
는 것을 보여줌과 동시에 그들의 근본적인 한계도 보여주었습니다. 천
안함사건 직후부터 끊임없이 쏟아지는 의견과 반론들은 보수반공체제
가 깨어지고 있음을 보여준 것이지요. 또한 그것은 현 정부의 기반이
튼튼하지 않음도 드러냈습니다. 욕망의 정치 또한 그 한계를 분명히 가
지고 있습니다. 대규모의 물질적 부를 충족시킬 수 있는 능력이 현재
우리에게는 없기 때문입니다. 그러므로 저는 현재 상황을 보며 절망할
필요는 없다고 생각합니다.

한국적 민주주의는 '진보적 민주주의'

장ㅣ 지금까지 87년 이후 한국의 민주주의를 진단해봤습니다. 마지막
으로 더 나은 미래를 위해 한국 사회에 필요한 민주주의는 어떤 것인지
이야기해주십시오.

박 | 김대중, 노무현을 중심으로 한 자유주의적 정치세력이 주도하는 자유민주주의가 민중의 요구를 실현할 수는 없다고 봅니다. 특히 신자유주의가 만연한 지금, 사적 소유의 절대성을 내세우는 민주주의는 민주 역량을 동원해 결집할 수 없습니다. 한국의 낡은 지배 구조를 타파하는 민주주의, 외세와 분단문제를 극복할 수 있는 민주주의, 대중의 경제적·생존권적·생활적 요구를 해결해줄 수 있는 민주주의가 대중에게 희망을 주는 민주주의라고 생각합니다. 다시 말해 자유민주주의를 뛰어넘는 새로운 민주주의가 되어야 합니다.

장 | 자유민주주의를 뛰어넘는 새로운 민주주의라 함은 어떤 민주주의를 말씀하시는 건가요. 사회주의적 민주주의를 말씀하시는 건지…….

박 | 서구처럼 사회주의적 민주주의를 새로운 민주주의의 지표로 내세울 수는 없다고 생각합니다. 분단과 외세가 내면화된 한국 사회에서 사회주의는 적절하지 않다고 봅니다. 부르주아 민주주의를 뛰어넘으면서도 사회주의민주주의가 아닌, 즉 제3의 민주주의가 탄생되어야겠지요. 이것이 바로, 우리가 만들어가야 할 새로운 민주주의입니다. 저는 이것을 '자주적 민주주의' 혹은 '진보적 민주주의'로 명명하고자 합니다.

장 | 진보적 민주주의에 대해 구체적인 설명 부탁드립니다.

박 | 진보적 민주주의라는 말이 아직 생소하게 들릴 겁니다만, 진보적 민주주의란 한마디로 국민주권을 실질적으로 보장하는 민주주의라고 말할 수 있습니다. '국민주권을 실질적으로 보장하는 민주주의'란 국민

이 권력을 직접 장악하고 통제하는 것으로, 외세와 특권층이 아닌 민중 (95퍼센트의 국민대중)의 이익을 앞세우고, 민중이 정권의 실질적인 주인이 되어 권력을 행사하며 직접 참여할 수 있는 민주주의를 말합니다. 말로만 국민주권 운운하는 형식적, 절차적 민주주의 제도를 뛰어넘자는 것이죠.

또한 진보적 민주주의는 민족 자주를 핵심 가치로 내세웁니다. "주권 없이 민주주의는 없다."는 것은 진리이며, 민주주의 기본 전제는 주권 회복입니다. 외세가 장악한 주권을 국민대중에게 다시 돌려주는 것에서부터 민주주의는 실현됩니다. 그 믿음 아래 정치, 경제, 군사적 예속 상태에서 벗어나는 것을 민주주의 실현의 첫 번째 과제로 내세웁니다.

최근 진보적 자유주의라는 말이 유행하고 있습니다. 진보적 자유주의를 주장하는 사람들은 기존의 자유민주주의가 시장의 횡포를 막지 못하고 부익부 빈익빈 현상을 낳았다고 지적합니다. 자유민주주의 이념이 기본적으로 좋고 정치적 자유를 가져다준 것은 사실이지만, 경제적 평등과 복지 부문에서는 문제가 있다고 본 거죠. 그런데 현재 한국 대중이 가장 절실히 바라는 것이 경제적 평등과 복지이기 때문에 기존 자유민주주의만으로는 대중의 요구를 담아낼 수 없다는 것입니다. 그래서 기존 자유민주주의에 복지와 경제적 평등을 추가하려는 것입니다. 어떻게? 시장을 적절히 통제하고 복지정책을 확대해서 경제적 평등을 실현할 수 있다고 보는 거죠.

이러한 진보적 자유주의는 기존 자유민주주의의 한계를 인정하고 그것을 극복하려고 노력한다는 점에서 매우 긍정적입니다. 그러나 진보적 자유주의 방식으로 경제적 평등과 복지가 실현될 수 있을까요? 물론 기존 자유민주주의 한계를 부분적으로는 해결할 수 있을 겁니다. 그렇기 때문에 이 이론이 전혀 쓸모없다고는 말할 수 없습니다.

그러나 진보적 자유주의는 몇 가지 근본적인 결함을 갖고 있습니다. 첫째, 실현 가능성이 없고 둘째, 민중의 요구와 이익보다 자본가들의 이익을 앞세우며 셋째, 민중이 직접 참여해 문제를 해결하게 하지 않고 수혜적인 관점과 입장에서 문제를 풀려고 하며 넷째, 기득권 세력과 적절히 타협해 문제를 해결하려고 한다는 것입니다.

민중의 절박한 민주주의 요구를 실현하려면 낡은 기득권 세력에 맞서 한국의 정치, 경제구조를 철저하게 뜯어고쳐야 합니다. 종속적인 신자유주의 확산과 경제적 불평등, 복지 문제를 해결하려면 그것을 초래한 경제구조를 근본적으로 수술해야 합니다. 그렇지 않고는 해결이 불가능합니다. 시장을 적절히 통제하는 것만으로 그런 문제를 해결하겠다는 것은 공상입니다.

그런데 진보적 자유주의자들은 낡은 정치, 경제 지배세력을 몰아내고 정치, 경제구조를 개혁하는 데에는 전혀 관심을 두지 않은 채 복지정책 확대나 시장조절정책만으로 경제적 평등과 복지국가를 달성할 수 있다는 환상에 빠져 있습니다. 특히 한국 사회에서는 낡은 지배세력과 권력구조의 혁파야말로 참된 민주주의를 실현하는 기본 전제 조건인데도 기득권 세력과 타협하고 기존 권력구조 안에서 개혁을 추진하려고 합니다. 이러한 접근 방식으로는 참된 민주주의를 실현할 수 없습니다.

이처럼 진보적 자유주의와 진보적 민주주의는 비슷한 것 같지만, 근본적으로 다릅니다.

장 | 진보적 민주주의 특징을 다시 정리해주신다면요?

박 | 진보적 민주주의의 특징은 이렇습니다. 첫째, 진보적 민주주의를 이끌어나가는 정치세력은 낡은 지배 구조와 외세 지배 구조, 분단 구조, 분단에 기초한 권위주의체제 해체를 자신의 과제로 내세워야 합니다. 외세의 정치 개입을 허용하는 군사·경제적 예속 구조를 해체해 정치적 주권을 확보하고, 냉전적인 분단 구조를 타파해 탈냉전적인 화해·협력·평화 구조를 구축해야 하며, 권위주의적인 지배 구조도 타파해 민주적인 체제를 구축해내야 합니다.

둘째, 기존의 신자유주의적 정치경제 구조를 극복하고, 새로운 정치경제 구조를 지향해야 합니다. 그것이 어떠한 형태인가에 대해서는 토론과 모색이 필요하다고 생각합니다. 우선 신자유주의 사회인 한국에서 진정한 시장의 주인은 누가 되어야 하는지를 토론해야 합니다. 현재 시장의 주인은 초국적 독점자본과 국내 대기업입니다. 하지만 더는 이들이 한국 경제를 지배하는 것을 묵과해서는 안 됩니다. 시장이 완전히 자유로워지고 그로 인해 방만해지는 것을 허용하지 말고, 민중이 시장을 적절히 통제하도록 해야 합니다. 이렇게 새로운 경제시스템을 구축하고, 다양한 형태의 소유를 보장하며, 다원적 경제시스템을 구축해야 합니다. 경제에도 분단과 외세의 지배 구조는 존재합니다. 따라서 경제적 측면에서도 외세를 통제할 수 있는 법적, 제도적 장치를 마련하는 것이 필요합니다.

셋째, 민중이 주체가 되는 정치를 만들어내야 합니다. 좀 거칠게 얘기하면, 현재의 절차적 민주주의는 선거 때 말고는 국민들을 정치에서 소외시킵니다. 따라서 직접 민주주의를 확대하는 것을 기반으로 민중이 권력을 통제할 수 있는 체제를 구축하는 것이 필요합니다. 노동조합, 민중단체 등을 비롯한 모든 정당과 단체가 좀 더 직접적으로 권력

기관을 감시, 통제할 수 있는 시스템이 만들어져야 합니다. 국가가 정책을 만들 때 노동조합과 정당·시민단체들이 감시할 수 있도록 해야 하고, 이것을 법제도로 보장해야 합니다. 이러한 시스템 구축이 직접 민주주의 한 형태로 제시되는 '소환제'보다 더 중요하다고 봅니다.

저는 이러한 진보적 민주주의야말로 한국 현실에 뿌리내릴 수 있는 민주주의라고 생각합니다.

장 | 새로운 민주주의를 실현할 사람들은 젊은 세대라고 생각합니다. 새로운 민주주의를 만들어갈 젊은 세대에게 마지막으로 한 말씀 부탁드립니다.

박 | 두 가지를 전하고 마무리 지을까 합니다. 첫째로, 민주주의는 형식도 중요하지만 내용도 매우 중요하다는 것입니다. 그리고 그 내용은 끊임없이 변화, 발전한다는 것입니다. 따라서 민주주의에 대해 고정된 시각을 가지지 말아야 합니다. 민주주의는 대중이 자유롭고 평등하기 위한 그릇입니다. 그리고 거기에 담길 요구는 우리가 스스로 만들어가야 합니다. 이것을 소중한 가치로 여기고 살아가길 바랍니다.

둘째, 민주주의는 매우 소중합니다. 이렇게 소중한 민주주의는 누가 선물하는 것이 아니라 스스로 쟁취하는 것입니다. 그래서 민주주의를 어떻게 풍부하게 발전시킬 것인가는 결국, 우리에게 달렸다는 점을 명심해야 합니다.

동북아시대 운운하지만 동북아시아란 개념만 있지,
일본이나 미국, 러시아, 중국의 움직임을 다극화체제라는
측면에서 고민하고 사고하는 사람들이
우리 사회에 과연 얼마나 있을까요?

다극화체제에서 우리의 좌표

김민웅 성공회대 교수

1956년 일본 오사카에서 태어났고, 1961년 고국으로 돌아왔다. 한국외국어대 정치외교학과에서 학사와 석사 학위를 받았다. 델라웨어대학교 대학원에서 마르크스주의와 관련된 정치철학을, 유니언신학대 대학원에서 세계자본주의체제에 대한 윤리학적 비판을 연구해 박사 학위를 받았다. 현재 성공회대학교에서 세계자본주의체제의 역사적 변화 과정을 분석하는 〈세계체제론〉을 가르치고 있다.

저서로 《창세기 이야기》(Ⅰ, Ⅱ, Ⅲ) 《자유인의 풍경》 《밀실의 제국》 《보이지 않는 식민지》 등이 있고, 동화·민담을 재해석한 책을 출간할 예정이다.

■ 인터뷰어_ 임승수　　■ 날짜_ 2010년 3월 24일　　■ 장소_ 서울 시내 모 카페

임 | 미국의 패권이 많이 약해졌다는 말이 나오는데요, 사실 뉴스로만 들었지 실제 어떻게 구체적으로 진행되는지에 대해서는 아는 사람이 없을 것 같아서요. 그런 부분에 대해 말씀해주셨으면 합니다.

김 | 미국은 1945년 이후에 세계 강자로 인식됐습니다. 그런데 20세기 말에서 21세기 초, 즉 1990년대부터 2000년대에 이르러선 미국이 이전 같지 않다, 좀 늙어버린 거 아닌가 하는 느낌을 실제로 받습니다. 이런 현상을 미국 자체의 문제로 인식하는 사람들도 있지만, 미국 중심의 세계적인 자본주의가 한계와 모순에 부딪혀 미국이 그 상황을 감당하는 과정에서 전환기에 처한 것이라고 보는 사람들도 있습니다. 이렇게 보면 미국의 패권체제가 흔들리거나 패권국들 사이의 경쟁관계나 주도권이 변하고 있다는 것이 느껴지는 거죠. 여기에는 다른 국가들의 상대적인 변화가 또 하나의 기본 변수로 작동하고 있습니다. 예컨대 중국의 부상이라든가 통합되면서 더욱 강해진 유럽의 힘 그리고 동북아시아의 성장과 변화 등이지요.

그런데도 미국은 과거의 패권국가와 사뭇 다릅니다. 스페인이나 포르투갈, 네덜란드나 영국, 프랑스, 독일, 일본 등의 제국 열강들은 식민지체제가 무너지면서 같이 무너지죠. 그런데 미국은 자체의 자원도 갖고 있고 다른 나라에 비해서 역량도 훨씬 강합니다. 인적자원이나 자연자원만 봐도 이제까지 제국에 비해서 월등하게 앞섭니다. 버틸 수 있는 힘의 여지가 있고 군사력도 여전히 세계 최강입니다. 유럽 전체가 힘을 모아도 미국의 군사력을 당해내지 못하는 상황이니까요.

영국부터 시작해서 미국에 이르기까지 영어라는 언어의 힘도 사실은 만만치 않은 거예요. 물론 미국의 패권에 변화가 있긴 하겠지만, 몰락한다고 규정하는 건 너무 성급한 결론 같습니다. 다른 나라들도 힘이 강해졌고 미국도 세계자본주의체제에서 자신의 한계를 드러냈기 때문에 변하지 않으면 안 되는 상황에 몰려 있긴 합니다. 그래서 미국이 이전과 같은 위치를 유지하기는 어려워졌지요. 그렇다고 해서 그것이 곧 미국이 주도권을 잃는다고 단정하는 것은 국제관계를 너무 단순하게 보는 게 아닐까 싶습니다. 미국은 자신의 패권체제가 기울어지는 것을 막아낼 여러 가지 수단을 가지고 있고, 이것이 어떻게 움직이는지를 눈여겨봐야 한다고 봅니다.

그런 점을 염두에 두고 압축적으로 얘기하자면, 미국은 이전의 거대한 패권제국의 몰락과 이행 과정을 그대로 반복하지는 않으리라는 것입니다. 미국의 힘은 분명 과거에 비해 약해졌고 세계정세도 미국이 압도적으로 지배했던 조건과는 달라졌습니다. 그렇기 때문에 이전 제국들과 유사한 측면이 있지만 지구적 제국이라는 차원에서 미국의 변화를 좀 더 섬세하게 읽을 필요가 있다는 것입니다. 길게 볼 때 미국을 중심으로 한 일극체제에서 다극화체제로 이동하는 것은 확실합니다. 장

기적인 패권 해체입니다. 그러나 지금 단계에서는 미국의 힘을 과소평
가해서는 안 됩니다. 달라진 지구적 환경에 대해서 미국이 어떻게 적응
하고 자기에게 유리하게 상황을 만들고자 하는가를 주의 깊게 봐야 합
니다. 힘은 아직도 막강한데 놓인 처지만 불리하면, 이런 경우 기존 질
서가 변할 여지가 생길 수도 있고 다른 한편으로는 모두에게 위험한 상
황도 만들어질 수 있기 때문입니다.

사회주의 진영과 대치하던 과거 냉전체제에서 미국은 자본주의 진
영을 확대하려고 군사력을 이용했고, 그 과정에서 한국은 미국의 영유
권 내에서 군사체제를 강력히 유지해주는 역할을 해왔습니다. 냉전체
제가 해체되면서 자본의 직접적인 통치라고 할 수 있는 신자유주의체
제가 도래했는데, 미국은 이 체제의 모순을 물리력으로 지탱하려고 했
습니다. 그 과정에서 네오콘으로 정치권력이 교체되었지요. 그러나 그
형태가 어떠하든 예전부터 지금까지 일관되게 관통하는 것은 미국의
자본주의체제가 세계체제의 중심이고, 미국은 다른 지역을 주변화하려
는 경향이 분명히 있다는 것입니다. 그러니까 미국은 자신을 중심으로
위계질서를 만들고 다른 나라는 밑에 놓습니다. 자신들을 위해서 자원
을 내줘야 하는 존재로 보는 거죠.

그러나 이제는 그럴 수 있는 상황이 아닌 거죠. 하지만 그렇다고 해
서 이런 틀이 완전히 해체된 것은 아닙니다. 미국은 본질은 유지하되
새로운 형태로 변화를 모색하고 있습니다. 예를 들어 오바마는 미국의
도덕적 지도력 등을 내세워 다시 패권국가로서 위치를 회복하려는 겁
니다. 그러면서도 전쟁국가의 본질은 포기하려 들지 않습니다. 오바마
를 보면 미국이 전쟁국가에서 평화국가로 된다든가 자본 중심의 국가
에서 서민을 위한 체제로 변한다든가 하려는 게 일정 부분 보이기는 하

지만 근본적으로 바뀌긴 어려운 것 같습니다.

지금 미국은 이전과 다른 방식으로 어떻게 패권을 유지할 것인가를 놓고 고민하는 전환기에 놓여 있습니다. 그 덕에 우리에게도 좀 여지가 생겼습니다. 미국이 왕권에서 자칫 밀려날 위기에 처한 '상처 받은 사자'와 같이 언제 어떻게 나올지는 모르지만, 우리도 우리 상황을 미국이 원하는 대로 만드는 것이 아니라 우리가 생각하고 고민하는 방식으로 변화시킬 수 있는 방법을 모색해야 한다고 봅니다. 우리 내부의 주체적인 역량도 변했고 세계를 보는 인식 자체도 달라졌으니 말입니다.

여전히 막강한 미국

임 | 미국이 직면한 현실을 좀 더 이야기하고 싶습니다. 구체적으로 정치, 경제, 군사, 문화적 분야에서 미국의 영향력이 어떻게 변했는지 궁금합니다.

김 | 앞서 말했듯이 미국의 군사력은 상상할 수 없을 만큼 세계 최강입니다. 경제력도 그렇습니다. 달러의 위상 변화가 있긴 하지만, 달러를 중심으로 세계경제체제가 이루어져 있기 때문이죠. 무엇보다 가장 중요한 것은 미국이라는 나라가 갖고 있는 문화적 역량입니다. 조금 전에도 언급했듯이 영어의 패권적 위상은 별로 변화가 없습니다. 전 세계적으로 미국이나 유럽중심주의에서 벗어나야 한다는 목소리가 높습니다. 그런데도 사실은 문화, 이를테면 영화에서부터 소설에 이르기까지 그리고 학문적으로도 거의 모든 분야에 걸쳐서 미국이 만들어낸 것이 기

준이 되고 있어요. 어느 나라도 도저히 따라잡을 수 없을 정도죠. 과거에는 의학, 철학, 법학 같은 쪽은 독일에 가서 공부해야 한다고 했는데 지금은 독일 안 가죠. 독일에서조차도 대학에서 영어 강의가 늘고 있어요. 우리 사회에서도 독어나 불어의 수요가 계속 줄고 있지요. 이런 걸로 봐도 미국은 여전히 상당한 자산을 가지고 있습니다. 부자가 망해도 삼대는 간다는 말이 있듯이, 미국의 힘이 이전에 비해 약해졌다고는 해도 이렇게 구체적으로 보면 여전히 무시할 수 없지요.

이런 말을 한 까닭은 미국을 제대로 이해하려면 명암, 즉 두 차원을 모두 보아야 한다는 것입니다. 미국이 가지고 있는 힘 중에는 우리가 넘어서야 할 것들이 있습니다. 군사적으로 한반도는 미국의 전초기지 역할을 하고 있고 큰 무기 시장이기도 합니다. 그뿐 아니라 미국은 우리의 사고나 정보, 지식도 좌우하는 것이 사실입니다. 정보, 지식 등을 비판적으로 섭취해야 하나, 미디어를 비롯해서 학문 영역에 이르기까지 미국은 우리가 생각하는 것 이상으로 우리 삶을 잠식하고 있습니다. 이렇게 보면 미국은 극복의 대상이자 동시에 배워야 할 것도 많은 국가입니다.

고대부터 지금까지 세계 역사를 보면, 미국이라는 나라는 또 하나 문명의 체계일 뿐입니다. 저수지에 물이 고이듯 미국 안에 축적된 것들이 하나의 문명으로서 역할을 하고 있죠. 축적된 것들 중에는 우리가 좀 더 많이 연구하고 흡수해 자기 것으로 만들어야 하는 내용도 많습니다. 일본은 메이지유신 이후 번역을 통해서 근대국가로 변신할 수 있었다고 하는데요, 미국은 이미 세계의 모든 문명권의 자산을 거의 다 번역해놓았고, 지금도 계속하고 있습니다. 다른 언어들을 아는 것도 중요하겠지만, 그 언어들이 굳이 필요하지 않을 정도로 거의 다 번역해놓았다는 것이지요. 이건 그리 간단한 일이 아닙니다. 그러니까 미국이라는 거대한 제국이 내면에 가지고 있는 것을 유심히 살펴봐야 합니다. 물론 미국의 제국주의를 비판하는 것은 매우 중요한 문제지요. 그러나 그것 때문에 우리가 깊이 들여다봐야 할 것들을 놓쳐서는 안 될 것입니다.

미국에서 20여 년을 살면서 미국 사회를 간단히 봐서는 안 되겠다고 생각했습니다. 베트남전쟁, 라틴아메리카의 저항 등을 들어 외부에서 미국을 비판하는 경우도 있고, 촘스키·하워드 진 등 지식인들이 미국 내부에서 미국 자본주의 또는 제국주의 속성을 지속적으로 비판하는 경우도 있습니다. 매우 중요하게 생각해봐야 할 대목이라고 봅니다. 오바마가 당선된 데에는 여러 요인이 있습니다. 그중 하나가 수십 년간 모인 사람들의 힘입니다. 미국이 더는 이렇게 가서는 안 되겠다는 반성의 힘 말입니다. 역사를 거슬러 올라가면, 남북전쟁·노예해방 사건이 있고 60년대 이래로 지속된 민권운동도 있습니다. 이런 것들을 통해서 만들어진 미국의 진보적 역량 자체가 오바마 체제를 만들어낸 것이지요. 물론 이것은 오바마가 그런 바람을 충실히 반영하면서 대통령직을 수행할 것인가의 문제와는 별도의 얘깁니다만.

그러니까 미국의 변화나 몰락을 얘기하려면 미국 내부에서 일어나는, 새로운 길을 모색하려는 움직임도 깊이 유의해서 살펴볼 필요가 있습니다. 왜냐하면 미국이 그동안 지탱해왔던 세계적인 패권체제뿐만 아니라 미국의 자본주의 모순을 우리가 어떻게 극복해야 할 것인가 하는 고민과 그것이 연동되어 있기 때문입니다. 거대한 자본이 정치경제 적으로 막강한 위력을 갖고 있고 압도적으로 힘을 발휘하는 나라 내부 에서, 그러한 문제들을 어떻게 바라보고 접근하면서 변혁하려 했는가 를 아는 것은 우리에게 굉장히 중요한 시사점들을 줄 것입니다.

우리의 진보적 정치사상은 유럽과 제3세계에서 성장한 사회주의 또는 진보적 사상, 정치운동과 맥이 닿아 있습니다. 그렇지만 현실에서 보면 그런 지역보다는 오히려 미국의 영향을 많이 받았어요. 무슨 얘기냐 하면, 미국은 굉장히 보수적인 나라입니다. 예를 들어 미국에는 힘 있는 진보정당이 없고, 진보적인 사회단체들도 다른 나라, 이를테면 유럽이나 라틴아메리카보다 훨씬 약하죠. 미국 내부에도 우리처럼 여전히 이분법적인 냉전의식이 존재합니다. 오바마가 주도한 의료보험제도 개혁 같은 경우에도 사회주의적인 정책이라며 공격을 받았잖아요. 사회주의가 자본주의와 공정하게 논의될 수 있는 위치에 있는 게 아니라 사회적으로 매장 또는 배제당하는 상황도 우리와 크게 다르지 않습니다.

이런 이유에서라도 미국의 구체적인 변화를 눈여겨봐야 하고, 내부 변화의 움직임도 같이 봐야 합니다. 그럴 때에야 미국을 보는 안목이 훨씬 포괄적이고 깊어질 수 있습니다.

미국 영향력이 구체적으로 어떻게 변했느냐는 질문에 대한 답으로는 좀 빗나갔습니다만, 먼저 영향력 내용부터 제대로 아는 게 중요할 것 같아 말씀드렸습니다.

차베스의 도전

임 | 미국은 지금 이라크나 아프가니스탄 전쟁을 치르면서 수렁에 빠져 있고 정치, 군사적으로 다른 나라를 억압하는 데 주로 쓰였던 핵확산금지조약NPT도 여러 지역에서 흔들리고 있습니다. 물론 말씀하신 것처럼 미국이 여전히 군사강국이긴 하지만, 예전처럼 자국의 이익을 위해

무력으로 다른 국가에 개입하기는 쉽지 않은 것 같습니다.

김 | 그렇죠. 미국의 일방주의 자체는 분명히 약화됐어요. 거기에는 이론의 여지가 없습니다. 그렇지만 그렇다고 해서 그것이 곧 미국의 자산이 해체되고 몰락하는 것을 의미하지는 않는다는 것입니다. 일방주의가 약화된 데에는 미국이 지탱하던 세계자본주의체제의 변화도 있고, 다른 나라들의 상대적인 성장도 있습니다. 이렇듯 여러 상황이 복합적으로 얽혀 있습니다. 쉽게 말해, 내가 힘이 있어도 상대방이 이전보다 힘이 세졌으면 자기 마음대로 못하는 것과 비슷한 거죠.

임 | 오바마가 당선되고 나서 국무장관 힐러리가 가장 처음 방문한 곳이 중국이었잖아요. 동아시아 쪽을 우선적으로 방문한 겁니다. 그런데 이것이 유례없는 일이라고 하더라고요. 중국에 가서 '제발, 미국 국채 좀 팔지 말아달라'고 부탁했다고 하는데요, 미국이라는 나라가 언제부터인가 남의 나라 눈치를 보지 않으면 안 되는 상황에 처한 것 같습니다. 완전 빚쟁이 나라가 된 거지요.

김 | 그런데 미국은 달러라는 기축통화를 발권하는 국가잖아요. 그러니 외환위기라는 게 없습니다. 자기네 달러를 찍으면 되니까요. 미국이 자신들의 경제위기를 극복할 수 있는 방법은 굉장히 다양해요. 자기네가 가진 부담을 남들에게 전가할 수 있는 방식도 다양하게 가지고 있어요. 실제로도 그렇게 하고 있고요.

아직 달러를 대체할 기축통화는 출현하지 않았습니다. 유로화도 기축통화 수준에까지 이르진 못했어요. 그래서 다른 나라들이 미국의 국채를 팔아 미국 경제를 무너뜨리는 행위는 자살 행위나 마찬가지예요. 중국도 미국에 수출해서 경제가 많이 발전했잖아요. 만약 미국 국채를 팔아서 미국 경제가 무너지면 중국 입장에서는 미국이라는 엄청난 시장을 잃어버리는 거죠. 그리고 달러로 거래하는 모든 시스템이 무너질 텐데 쉽게 그런 행동을 하지는 않을 겁니다.

지금까지 미국의 힘에 대해 주로 이야기를 해왔는데 동시에 주목할 것이 있습니다. 미국의 약화와 더불어 미국의 제국주의적인 정책들을 비판하면서 자본주의체제가 아닌 대안체제를 모색해왔던 힘의 성장 또한 굉장히 중요하게 봐야 합니다. 그런 진보적이고 대안적인 흐름이 없으면, 미국이 과거에 비해서 좀 늙었다고 하면서도 여전히 미국의 일방주의가 통할 겁니다. 미국은 남북전쟁이 끝난 다음, 1898년에 스페인 제국의 식민지였던 쿠바나 필리핀을 해방시키는 지원국 행세를 했지만 사실상 그 나라들을 식민지로 삼았습니다. 필리핀은 아시아를 공략할 선발기지가 되고, 쿠바는 라틴아메리카를 지배할 전초기지가 됩니다. 이후 100여 년에 걸쳐 라틴아메리카는 미국이라는 거대한 제국의 지배 아래에 놓이죠.

그런데 라틴아메리카 국가들이 이제 미국에 맞서고 있습니다. 거대한 독자적인 지역블록을 만들어내면서 새로운 대안을 만들어갑니다. 미국 중심의 세계체제가 그동안 자신들을 발전시킨 게 아니라 사실은 예속해왔고, 빈부 양극화를 더 심하게 만들었으며, 민주주의를 파괴해왔다는 사실을 깨달은 거죠.

이렇게 보면 역시 당사자들이 어떻게 하느냐가 훨씬 중요한 문제예요. 자기가 할 일을 제대로 하면 상대가 아무리 강해도 관계가 변하는 거죠. 미국이 과거 못지않게 여전히 강하다 하더라도 이쪽의 힘이 달라지면 관계는 달라질 수밖에 없습니다. 미국이 더는 함부로 하기가 어렵죠. 이런 차원에서 보면 베네수엘라에서 차베스가 등장한 것이나 카스트로의 쿠바가 60년 넘게 버텨왔다는 것은 놀라운 일이에요. 사실 국가 규모나 역량으로 볼 때 미국 입장에서는 상대도 안 되는 나라 아니에요? 그런데도 이렇게 미국에 당당하게 맞설 수 있는 것은 결국 자신의 힘으로 새로운 대안체제를 만들어나갈 수 있고, 사회 구성원들이 다르게 살아갈 수 있게 하는 힘을 가지고 있기 때문일 겁니다.

일극에서 다극화체제로 변하는 세계

임ㅣ 미국 일극체제에서 다극화체제로 변하고 있다는 얘기가 많이 나오더라고요. 차베스는 공개적으로 다극화체제를 구축해야 한다고 주장하지요. 중국과 일본에서도 이런 얘기가 흘러나오는 것 같습니다. 유럽연합이나 중남미 같은 경우는 지역 통합을 고민하고 다른 지역보다 훨씬 속도감 있게 구체적으로 추진하고 있습니다. 이런 움직임에 대해서 어떻게 생각하시는지요.

김ㅣ 일극체제가 다극화체제로 가는 것은 뚜렷한 추세예요. 유럽은 경제적으로 통합되었고, 군사와 정치 통합만 남겨놓은 상황이죠. 이에 미국이 라틴아메리카를 경제적으로 더욱 자기쪽으로 끌어들이기 위해서 미주자유무역지대*로 묶으려 했지만 좌절됐죠. 라틴아메리카는 이른

★FTAA. 북미 · 중남미 지역을 아우르려 한 경제공동체로, 조지 부시 행정부가 적극 추진했다.

바 팍스아메리카나에 대항해서 판아메리카나를 내세웁니다. 팍스아메

리카나가 미국 중심의 지배 질서라면, 판아메리카나는 각 지역 나라들의 주체성을 존중하는 거대한 연방체제의 성격을 띠고 있어요. 그렇게 하지 않으면 미국이라는 시스템에 편입되거나 미국의 일방적인 지휘 아래 놓인다는 것을 수차례 경험했기 때문이죠. 이슬람도 그렇고 아프리카도 독자적인 블록을 형성하는 방향으로 가고 있고, 동남아시아도 막강한 인도를 중심으로 어떤 일정한 단일한 체제를 구성하고 있지요. 사실 이런 현상은 역사적으로 이미 오랫동안 존재해왔던 것입니다.

이에 반해 동북아시아는 좀 특별해요. 예전부터 이 지역은 중국이 지배적 위치를 차지하고 있었죠. 말하자면 단일체제에 가까웠는데요. 일본이나 우리나라가 독자성을 주장해도 사실은 중국의 영향권 안에 있었던 거죠. 우리나 일본이 중국 질서에 편입된 정도나 거기서 벗어나는 과정의 차이가 있긴 합니다만. 그런데 동북아시아는 근대에 전쟁을 겪어서 역사적으로 서로 복잡하게 얽혀 있죠. 예를 들어 일본이 우리와 중국을 침략했잖아요. 이런 일이 있기 때문에 동북아시아 블록을 단일하게 형성한다는 게 사실 많이 어려운 것 같습니다. 이 세 나라는 각자 개성이 아주 뚜렷하고, 역사적인 경험으로 예속관계에 특히 민감합니다. 그래서 하나로 묶이기가 쉽지 않다는 거죠. 한마디로, 중국 문화로 단일화될 건가요? 아니면 일본? 그것도 아니면 우리로? 그것도 아니거든요.

동북아시아 공동체 관건은 남북관계

이런 이유로 동북아시아에서만큼은 많은 실험이 필요합니다. 2차 대전이 끝난 직후 미국은 중국에는 장개석을 두고, 한반도 남쪽과 일본은 자신들이 관할해 자신들을 중심으로 거대한 동북아벨트를 만들려고 구상했습니다. 일본의 이른바 '대동아공영권'을 해체하고 그 대신 미국의 아시아·태평양 제국의 질서를 만들고자 했던 것이지요. 그런데 그 구상이 일차적으로 중국이 사회주의 국가가 되면서 깨졌지요. 결국 이후로는 한국과 일본과 미국이라는 형태로 버티고 있습니다. 이런 구조로 중국을 포위하는 전략을 계속 펴왔고 지금도 그렇게 하고 있지요. 중국을 인정하지 않고는 동북아시아 문제를 풀 수 없기 때문입니다. 동북아시아 문제를 해결할 때 6자회담 같은 것을 동원해야 한다는 것만 보더라도 사실 일극체제는 무너진 거나 마찬가지예요.

동북아시아에서 일극체제가 다극화체제로 변하는 과정에서 중요한 것 중 하나가 남북관계예요. 예를 들어 일본이 19세기 말 청일전쟁을 일으켜 조선반도에서 중국을 물리치고, 그 다음 단계에서는 러일전쟁을 일으켜 국제적 위상을 높인 데 이어 조선을 식민지로 만들었던 것은 그만큼 한반도가 가지고 있는 국제적 의미가 중요하다는 거죠. 동북아시아 전체의 역사적 운명이 그로 인해 바뀌었으니까요.

분단된 지금 한반도는 한쪽은 중국이 끌고 가려고 하고, 다른 한쪽은 미국이 손에 쥐고 있는 상황이죠. 이 지배 구조는 양쪽이 상당히 다릅니다만. 북한은 자주적 입장을 굳게 지키고 있지만, 그런데도 정치·경제·군사적으로 중국에 치우치지 않을 수 없고, 남한은 그간 여러 가지로 극복의 과정을 거쳐 왔지만 아직도 군사적으로 주권이 없는 식민지 상태입니다. 따라서 한반도는 단순히 남북이 분단된 것이 아니라 국제적인 역학을 압축해서 보여주는 자리죠. 그런 까닭에 앞으로 분단과 전쟁 상태를 해체하면서 남과 북이 평화체제를 이루고, 이것을 토대로 통일로 나아갈 경우 동북아시아는 재편될 수밖에 없지요.

앞서 말했듯이 동북아시아에서는 2차 대전 때 미국이 전쟁에 이기면서 만들어진 구도가 지속되고 있는데, 이 구도는 일본의 '대동아공영 권'이라는 거대한 동아시아체제를 해체하면서 형성된 겁니다. 그런데 중국이 강대국으로 성장하면서 이 구도와 경쟁하게 된 것이죠. 이 과정 에서 우리가 어디에 붙어살아야 할까라는 고민이 나오게 된 겁니다. 기 분 나쁜 이야기이지만, 살아남으려고 강한 힘 앞에서 눈치 보면서 여기 에 기댔다 저기에 기댔다 한다는 말입니다.

결국 이런 현실에서 지향하고 목표로 삼을 것은 동북아시아 공동체 를 구축하는 것이라는 의견이 나오고 있죠. 그러려면 역시 남과 북이 평화체제와 통일로 나아가는 수밖에 없지요. 동북아시아 공동 번영의 기초가 다름 아닌 한반도 평화체제라는 것은 누구도 부인할 수 없을 테 니 말입니다.

이런 상황을 전제로 하지 않을 경우에는 남북이 통일된 한반도를 국 제적으로 다 견제하고 억누르려 하겠죠. 자신들에게 유리하냐 불리하 냐, 미국과 친하냐 중국과 친하냐 일본과 친하냐에 따라서 동북아에서 국제적인 힘의 관계가 달라지니까요. 국제적인 힘의 관계에 충격을 줄 것이 분명한 한반도 통일은 주변 어떤 나라도 반길 리가 없어요. 더군 다나 분단된 상황에서도 남쪽은 상당한 국제적 역량을 가지고 있는데 통일되면 어찌 감당하겠어요? 주변국들 입장에서는 더욱 경계를 하게 되겠죠. 하지만 통일에 관한 미래상이 동북아시아에 평화지대를 만들어 내고 서로 공동 번영할 수 있게 하는 것이라면 이는 문제가 달라지죠.

한반도는 동북아시아에서 동서남북 사방으로 나아갈 수 있는 매우 중요한 교차로예요. 역사적으로 이 교차로를 누가 장악하느냐에 따라 서 동북아시아의 패권체제가 달라졌습니다. 이처럼 한반도는 평화에 기여할 수 있는 매우 중요한 지역입니다. 그러므로 한반도는 미국식 자본주의체제나 중국이 실험하는 방식을 넘어설 수 있는 매우 새로운 체제 모델을 만들어낼 수 있는 실험의 현장이기도 해요. 그런 의미에서 보면 동북아시아 질서가 재편되는 지금이 우리에게는 아주 중요합니다. 뭔가 새롭게 시도해볼 수 있는 기회를 얻은 거니까요. 그런데 이 기회를 현실로 만들어낼 수 있는 실력과 안목이 있느냐가 문제입니다. 이것이 앞으로 젊은 세대가 고민하고 함께 만들어가야 할 진보의 내용이라고 생각해요.

앞으로 남북이 만나면서 만들어낼 수 있는 이상적인 체제 모델은 과연 무엇인가, 이 모델이 정치·경제·문화적으로 동북아 전체 체제를 진보적으로 이끌어가려면 어떻게 해야 하는가 등 이런 질문이 미국, 유럽, 라틴아메리카 등 다른 지역 진보세력과 다른 우리의 고민이 될 것입니다. 왜냐하면 그들은 분단 상황을 염두에 두면서 미래의 진로를 어떻게 풀어나가야 할지 고민해야 하는 복잡한 역학관계 속에 놓여 있지 않기 때문입니다. 그러므로 우리는 다른 지역에서 고민하는 진보세력들보다 두 배 세 배 더 고민하고 도전해야 합니다.

임 | 어느덧 중국이 우리나라와 가장 많이 무역을 하는 나라가 되었더군요. 그 다음이 유럽연합, 일본, 미국 순이랍니다. 일본도 우리나라와 비슷한 상황일 것 같고요. 이렇게 동북아시아라는 지역 차원에서 교역이 활발해지는 것은 정치적 공동체로 나아가는 데에 분명히 밑바탕이 되리라 생각합니다. 그런데 미국 입장에서 이런 움직임은 동북아시아 지역에서 자신의 영향력이 축소되는 추세로 보일 것 같은데요. 그래서 혹자는 한미FTA에는 경제적인 측면뿐만 아니라 자꾸 동북아시아 쪽으로 빨려 들어가는 남한을 자신의 쪽으로 끌어들이려는 미국의 전략적

고민도 담겨 있다고 평가하더군요.

김 | FTA란 출발부터 그런 거니까요. 미국의 체제 안으로 편입시켜 통합하는 것을 지향하고 있지요. 그러니 그건 당연한 거라고 할 수 있습니다.

임 | 동북아시아 공동체가 필요하다는 토대는 형성되어 있다고 생각합니다. 그런데 이것을 추진하는 과정에서 생길 정치적 갈등도 고민해봐야 할 것 같습니다. 노무현 정부는 '동북아 허브' 운운하면서 남한이 동북아시아 통합 문제를 풀어갈 수 있는 중심 역할을 할 것이라고 자신했지만, 사실 중국이나 일본에서는 그런 구상에 콧방귀를 뀌었잖아요.

김 | 4대 강국(중국, 미국, 일본, 러시아)이 버티고 있는 현실에서 우리가 중심 역할을 하겠다는 발상이나 말 자체가 잘못된 거죠. 의지는 칭찬할 만한 것이지만, 그것이 국가의 공식 정책 노선처럼 되면 도리어 주변의 견제만 받게 되지요. 함께 풀어나가는 데 중요한 기여를 하도록 하겠다고 했으면 좀 좋았겠습니까.

동북아시아 공동체 구상

임 | 이쯤에서 교수님이 생각하시는 동북아시아 공동체상이 궁금합니다.

김 | 다른 지역공동체하고는 상당히 다른 모습이에요. 예를 들어 유럽

통합 과정은 쉽지 않았어요. 50년 걸렸지요. 유럽이 통합된 지금 독일, 프랑스가 전쟁을 하리라고는 누구도 생각하지 않을 거예요. 하지만 이 두 나라는 수백 년간 전쟁을 벌였던 나라입니다. 이렇게 구조의 변화라는 게 역사의 길을 바꿉니다. 지금 우리는 예를 들어 일본과 전쟁할 수 있고, 북한과도 전쟁할 수 있다고 생각합니다. 중국과 일본이 전쟁할 수도 있고요. 그런데 통합된 유럽이 다른 관계를 보여준 거 아니겠어요? 어느 누구도 이제 다시 유럽 내부에서 전쟁이 날 거라곤 생각하지 않아요. 바로 이런 구도를 만들어내는 게 중요한 거죠.

전쟁이 불가능한 구조여야

동북아시아 공동체에서 가장 중요한 것은 전쟁이 불가능한 구조를 만드는 거예요. 공동안보체제를 만들어내는 게 굉장히 중요합니다. 어느 한 나라가 압도적인 군사적 지위를 갖는 상황에서 공동안보체제를 만드는 것은 어렵죠. 따라서 서로 군사력을 감시하고 견제할 수 있는 장치가 반드시 있어야만 합니다. 공동안보라는 것은 다른 상대를 침략하지 않겠다는 불가침의 형태겠지요. 공동안보체제에서 군사력은 전쟁하기 위한 것이 아니라 상대의 군사적 의지를 견제하는 수단으로서 의미가 있는 거죠.

현재 6자회담은 북한의 핵무장 체제를 어떻게 관리할 것이냐를 놓고 시작되어 전개되고 있지만, 이 경험이 동북아시아에서 새로운 형태의 국제적 환경을 만들어내는 매우 중요한 조건으로 기능할 수 있다고 봅니다. 즉 6자회담의 경험을 잘 분석하고 그걸 토대로 해서 동북아시아에 이해가 있는 당사자들 사이에 새로운 관계를 만들어나가자는 거지요. 이해 당사자란 우리를 비롯해 중국, 일본, 러시아, 미국입니다. 미국도 아시아·태평양 국가라는 세계적 위상을 가지고 있는데 미국을 배제하는 건 현실적으로 어렵고 또 불가능하기까지 합니다. 미국의 파트너십을 인정하면서도 그것이 패권체제의 기본 요소가 되지 않도록 하는 노력이 필요한 겁니다.

장기적으로 보면 한반도에서 주한미군이 반드시 철수해야겠지만, 과도기적 현실 속에서는 주한미군의 역할을 변화시키려는 노력이 일단 있어야 할 것입니다. 남과 북이 가지고 있는 군사력을 어떻게 조정할 것인가, 중국의 저 막강한 군사력은 또 어떻게 할 것인가 이런 질문들은 앞으로 필연적으로 직면하게 될 문제죠. 무슨 말이냐 하면, 미군이 철수했을 경우 누가 동북아시아에서 군사력에서 독점적 지위를 차지할까? 당연히 중국일 겁니다. 그렇게 됐을 때 우리는 안전할까요? 이 문제는 쉽지 않아요.

우리는 중국과 군사적 긴장 상태에 놓였던 경험이 있어요. 만약 서해에서 중국 어선들과 문제가 생겼을 경우 중국이 군사력을 동원한다면 그걸 감당할 수 있을까요? 이렇게 보면 절대로 간단한 문제가 아니죠. 중국 어선들이 횡포를 부릴 때 그걸 우리가 막아내지 못했죠. 중국과 맺은 관계 때문입니다. 그 바람에 우리 어선들을 제대로 보호하기 어려웠던 적도 있습니다. 이것만 봐도 그렇고, 지난 수백 년, 아니 거의 2천 년에 걸친 역사적 경험으로 미루어봐도 중국과 우리의 관계는 그리 편하지 않습니다. 제국주의적 지배관계가 아닌 조공의 형태로 평화 상태가 유지되었지만, 우리의 자주성은 크게 상처를 입은 게 엄연한 사실입니다. 이런 일들을 사실상 고려하지 않을 수 없는 거죠.

자신이 맹주가 되기 위해 중국이 지배하던 동북아시아 구조를 깨려고 일본이 나섰던 적이 있었죠. 임진왜란이 그것입니다. 국제관계 측면에서 보면 이런 일은 언제든지 되풀이될 수 있습니다. 절대 일어나지 않으리라고 단정할 수가 없어요. 이런 이유에서라도 동북아시아 공동체를 이룰 때 가장 중요한 것은 전쟁체제를 최대한 해소하고 약화시키는 공동안보전략을 짜내려는 노력입니다.

공동체 경제의 변수는 남북관계

이런 노력과 아울러 고민할 것이 동북아시아가 어떻게 함께 먹고살 것인가 하는 경제문제이죠. 19세기 이후부터 동북아시아 경제는 일본이 끌고 왔는데, 미국이 등장하면서 그것이 변했지요. 지금은 중국이 막강한 힘을 발휘하기 시작했고요.

이런 상황에서 남과 북 각자가 동북아시아의 경제관계를 어떻게 정리해낼 것인가 하는 문제도 중대하게 고민해봐야 합니다. 결국 남북연합 또는 통일민족경제 등 이런 여러 가지 형태로 부를 수 있는 남북 간의 어떤 경제적인 결속력, 상호 협력 또는 구조의 변화를 이뤄내지 못할 경우에는 이런 숙제를 해결하기가 불가능합니다. 그러면 자연히 중국이나 일본, 미국의 힘에 빨려 들어가는 구조가 될 것이고, 그런 상황에서는 우리가 강제적으로 구조 변화를 당하게 되는 처지가 되고 맙니다. 따라서 남과 북이 통일로 가는 과정에서 경제적 구조가 어떻게 순기능적, 그러니까 서로가 서로에게 도움이 되는 방향으로 접합될 수 있느냐 하는 문제는 동북아시아 공동체를 이루는 데 반드시 필요한 전제조건입니다.

구체적으로 고민하면, 노동력의 문제 또 생산할 수 있는 상품의 종류 문제 등 여러 가지 것이 중요하게 제기될 겁니다. 예컨대 중국이 세계적인 경쟁력을 갖게 된 중요한 첫 번째 이유는 임금이 워낙 낮고, 그 다음은 이제는 무시하지 못할 정도로 상품 질도 좋아졌기 때문이에요. 이런 상황이라면 당연히 중국이 시장 주도권을 쥐게 될 겁니다. 그런데 남과 북이 천연자원, 인적자원 등을 주고받는 등 서로 협력하면 중국보다 더 나은 조건으로 두 문제를 해결할 수 있습니다. 남과 북이 자체적으로 안고 있는 경제문제도 해결할 수 있고요.

이렇게 되면 중국이 막강한 주도권을 행사하는 동북아시아에서 남북이 새로운 변수로 떠올라 동북아시아 공동체의 경제를 조절해 균형을 이루어내는 힘도 만들어낼 수 있습니다. 그렇게 하다 보면 군사적으로나 경제적으로 달라지지 않겠습니까?

정치, 군사, 경제적 문제와 병렬적으로 진행해야 할 문제가 있는데, 바로 문화이지요. 사실 우리는 주변국에 대해서 잘 모릅니다. 안다고만 생각할 뿐이지 사실은 잘 몰라요. 예를 들어볼까요? 동아시아 외교사 책이 우리나라에 네다섯 권밖에 없어요. 왜냐하면 우리에겐 사실 외교라는 게 없었기 때문이에요. 일본의 식민지로 있다가 냉전 이후에는 미국의 요구에 맞게 국제관계를 풀어왔으니까요.

그러나 일본은 외교 관련 서적이 엄청납니다. 한국의 젊은 세대는 잘 모르는 게 있는데, 일본은 메이지유신 이후로 동아시아만이 아니라 전 세계를 상대로 외교를 했어요. 한때 국제연맹의 상임이사국이기도 했습니다. 그런 만큼 일본이 가진 세계적 시야나 그간 쌓아온 외교적 역량은 그리 간단치가 않아요. 그리고 일본과 중국은 100여 년간 외교를 해왔는데 우리는 이런 사실도 제대로 몰라요. 일본이나 중국이 동아시아 지역에서 어떻게 외교적 판단을 해왔는지에 대한 지식과 상식이 거의 없습니다. 동아시아 역사, 문화, 외교에 대한 이해가 너무 얕아요. 지금부터라도 일본과 중국을 깊이 이해하고 그러면서 우리가 함께 만들어갈 문명의 내용이 무엇인지 깊이 고민하고 구축해나가야 합니다. 예를 들어, 중국 근대혁명 과정에서 주도적인 역할을 했던 중국인 대부분이 일본 유학생이었다는 사실을 기억할 필요가 있습니다. 루쉰도 그렇고요. 당대의 일본은 말하자면 아시아 근대의 엔진 같은 역할을 했던 겁니다.

앞으로 우리는 일본이나 중국 그리고 우리 역사를 국제관계 속에서 이해하는 눈을 길러야 합니다. 우리나라 사람들은 우리 역사도 잘 알지 못할 뿐만 아니라 세계사 전체와 관련지어서 우리 역사를 이해하는 능력도 약해요. 이를테면 청일전쟁이 중국에서 일어났다고 아는 사람들도 꽤 되고, 무엇보다 청일전쟁의 의의가 뭔지 잘 몰라요. 청일전쟁은 굉장히 중요해요. 19세기 동아시아의 세력 구도를 결정적으로 바꾸어놓은 전쟁이거든요. 일본이 메이지유신을 거쳐 근대국가를 갖춘 후에 얻어낸 승전이지요. 러일전쟁은 일본이 동아시아에서뿐만 아니라 유럽 강국과도 싸워서 이겼다는 점에서 동아시아 패권을 장악할 수 있는 중차대한 계기가 된 전쟁이었어요. 러일전쟁을 토대로 해서 일본이 우리를 식민지로 만들 수 있었던 겁니다. 이렇게 세계사적 맥락에서 우리 역사와 동아시아 역사를 이해하면 어떤 국제관계를 맺어갈 것인가에 대한 해답을 찾을 수 있을 겁니다.

세계사적 맥락에서 우리를 읽자

임 | 친구가 일본과 중국에 있으면서 미공개 외교문서를 많이 봤대요. 그러면서 일본이나 중국의 사고 폭이 우리와 차원이 다르다고 하더군

요. 세계를 경영해봤던 나라들이기 때문에 우리가 생각지도 못한 부분까지 고려해서 행동한다는 거예요.

김 | 예를 들어서 머릿속에 워싱턴, 파리, 베이징, 도쿄가 들어 있는 사람과 그렇지 않은 사람은 세계를 바라보는 방식이 완전히 달라요. 그래서 젊은 세대에게 당부하고 싶습니다. 세계지도를 매일 보고 또 그려도 보라고요. 굉장히 중요한 훈련이에요. 제가 학교에서 〈세계체제론〉을 가르치는데 첫 시간에 하는 게 지도 그리기예요.

임 | 지도에서 중동을 보니 이란을 친미 국가들이 에워쌌더라고요. 그러니까 중동에서 미국의 패권이 이란에서 콱 막히는 거죠. 미국 입장에서는 이란이 지정학적으로 참 중요하겠다는 생각이 들더군요.

김 | 일본이 꿈꾸었던 '대동아공영권' 규모는 엄청났어요. 베트남하고 뉴기니까지 포함했잖아요. 물론 일본의 제국주의적인 구상에서 나온 것이라 문제는 있지만, 과연 우리가 지금의 역량으로 그런 구도를 짜면서 세계를 사고할 수 있느냐 하는 반성은 해볼 가치가 있다고 봅니다. 동북아시대 운운하지만 동북아시아란 개념만 있지, 일본이나 미국, 러시아, 중국의 움직임을 다극화체제라는 측면에서 고민하고 사고하는 사람들이 우리 사회에 과연 얼마나 있을까요? 심각하게 생각해봐야 할 문제입니다.

임 | 젊은 사람들이 세계적인 시야를 가져야 한다고 말씀하셨는데, 누구의 관점에서 어떻게 이해하느냐에 따라 세계도 다르게 보이는 것 같

습니다. 요즘 젊은이들을 보면 자신의 관점이 아니라 남의 눈으로 세계를 보는 듯도 합니다.

김 | 그런 측면도 있지만 변한 것도 있습니다. 여행지를 보면 그래요. 이전에는 유럽 쪽으로 주로 갔는데 요즘에는 과거에 오지로 불렸던 나라들, 제3세계로 가는 경우가 많아졌죠. 전 그게 굉장히 중요하다고 봐요. 대학에서 신입생들한테 세 가지를 강조합니다. 책 많이 읽을 것, 영어를 비롯해 외국어를 아주 잘할 것, 여행 많이 할 것. 특히 돈만 생기면 여행을 가라고 말합니다. 많이 여행한 사람과 그렇지 않은 사람은 상당히 달라요. 인류 역사와 문명을 돌아보면 여행을 통해서 지식이 구성되었어요. 내가 알고 있는 경계선 너머 저 사람들이 어떻게 살아가는지 알아가면서 세상은 달라졌습니다. 서로 생각과 삶, 문명을 나누는 과정에서 말입니다.

미국이나 유럽에 치우쳐 사고하는 태도를 바꿔야 한다고 자주 얘기하는데요, 실제로 우리는 미국이나 유럽도 잘 모릅니다. 미국이나 유럽에 가서 그 문명을 들여다보면 우리가 생각한 것 이상으로 엄청납니다. 절대로 쉽게 생각해서는 안 돼요. 우리는 정말 알아야 할 것이 무궁무진하다고 마음을 다져 먹어야 합니다. 어떤 정제된 이념을 단순히 습득한다고 진보가 되는 게 아니에요. 그런 것으로는 부족할 뿐만 아니라 진보가 될 수도 없습니다. 늘 열어놓고 자기를 끊임없이 변화시켜나가려는 자세 없이 새로운 세상을 담아낼 수 없어요. 왜냐하면 남들도 움직이고 변하고 있으니까요. 사실 이념과 형태는 고정돼 있지 않잖아요. 그래서 끊임없이 학습하고, 기회가 주어지면 무조건 여행도 가고, 그때의 경험을 성찰도 해봐야 합니다. 그러면서 진보의 그릇에 좀 더 신선

한 내용을 담아야지요. 그 과정에서 새로운 대안도 찾아보고요.

저는 문화적이고 예술적인 인간이 되는 것을 가장 중요하게 여깁니다. 진보를 추구하는 사람들도 때로 시인이 되어야 하고, 음악가가 되어야 하고, 화가가 되어야 해요. 춤도 출 줄 알아야 하고, 노래도 할 줄 알아야 해요. 시, 음악, 그림 등 이런 것들이 세상을 아름답게 만드니까요. 민주주의를 파괴하는 이명박 정권을 생각하면, 치열하고 날카롭게 대립하고 투쟁할 수밖에 없으리라 생각하지만, 그런 과정에서도 인문학적 시야라든가 문화와 예술을 즐기는 심성을 잃어버려선 안 된다고 생각해요. 궁극적으로 우리는 사랑하고 행복해지고 싶은 거니까요.

임 | 가슴에 많이 와 닿는 말이네요. 시인이 되고 음악가가 되고 화가가 되고…. 이런 마음이 없다면 진보를 추구하는 사람들은 사실 투쟁하는 기계가 되는 거잖아요? 당위만 있고 삶은 각박해지고요. 다 행복하게 웃으며 살려고 하는 건데요.

김 | 마르크스는 아침에 낚시를 하고 집에 돌아가선 시를 쓰면서 살고 싶다고 했잖아요.

임 | 마르크스가 그렇게 살려면 누군가가 마르크스가 신을 신발과 입을 옷과 먹을 음식을 제공해줘야 하잖아요? 하하.

김 | 물론이죠. 그런데 각자의 노동시간을 줄이면서도 함께 먹고 살아갈 수 있는 사회를 만들면 가능하지 않을까요? 그런 사회에서는 사람들이 여가를 즐길 수 있기 때문에 문화예술산업이 발전해요.

영국은 과거에 비해 많이 쇠락했죠. 그런데 창조산업으로 돌파구를 만들었어요. 창조산업이 무엇이냐 하면 이야기 사업이에요. 이야기 자체의 문학성과 예술성을 충분히 살려내면 부가가치가 엄청납니다. 〈해리포터〉 시리즈 하나가 만들어내는 부가가치만 봐도 그렇잖아요. 영화라는 것도 결국 이야기 구조잖아요. 아무리 기술이 발전해도 별 내용이 없으면 그 영화는 외면을 받습니다. 일본영화를 보면 인문학의 힘이 느껴져요. 훌륭한 영화가 굉장히 많아요.

이런 나라들에 비하면 우리는 상대적으로 문화예술산업이 취약한 편이죠. 이런 문화예술산업이 결국 인류의 문화나 운명을 건강하게 만드는 힘인데 말입니다. 그래서 저는 진보를 추구하는 사람들이 인문학적 교양을 쌓는 게 대단히 중요하다고 봐요. 전공과목뿐만 아니라 문학, 역사, 철학 등 모든 분야에 걸쳐 두루두루 아는 게 새로운 진보의 모습이라고 봅니다. 그러면서 인간적 가치의 성장과 성숙을 위해 함께 힘을 모아나가려는 노력 그것이 진보를 구체적으로 실현하는 과정이 아닐까 싶습니다.

사진 노순택(P. 46 〈2008 서울〉 P. 122 〈2002 서울〉 P. 172 〈2005 평양〉)
한금선(P. 18, 80, 146, 214)